C o n s u m e r I n s i g h t

「思わず買ってしまう」
心のスイッチを
見つけるための

インサイト実践トレーニング

福谷 功 著

ダイヤモンド社

はじめに

人々は、なぜその商品を買うのか？人々は、どういう商品を求めているのか？それがわかれば、売れる商品を作れるし、売り方もわかります。でも、消費者に直接聞いてもなかなか答えは出てきません。それは、消費者自身もよくわかっていないからです。

人が何か行動するとき、意識しているのはほんの一〇％程度で、九〇％は無意識で行動しているといわれています。また、行動の理由は、大半が後付けであることが最近の脳科学の研究でわかってきました。まず意思決定がなされ、自分の行動に一貫性を持たせたり、自分自身に納得させたりするために、あとからそれらしい理由が加えられるというわけです。

ある人に二種類のコーヒー飲料の銘柄A、Bから、好きなほうを選んでもらったとしましょう。その人はBを選び、「AよりBのほうがおいしい」と言い、さらに「Bのほうが甘くなくてすっきりしていて、後味がいいから」とまで、はっきり答えたとします。

しかし、それは本当に、味だけの違いなのでしょうか？

実験をしてみましょう。それぞれの飲料をボトルからコップに移し、見ただけではAかBかわからない状態にして、どちらの味が好きか聞いてみます（いわゆるブラインド・テストです）。

すると、再びBが選ばれるとは限らないのです。

容器に入った状態で飲んでいるときは、知らず知らずのうちに味だけでなく、メーカー名やボトルのデザインなど、さまざまな情報の影響を受けています。商品名やラベルのキャッチフレーズから「甘くなさそう」という連想が働いたのかもしれませんし、パッケージの色からすっきりした印象を受けたのかもしれません。

逆にいえば、どこから「すっきりしたおいしい味」が連想されたのか、その無意識の部分を解明できれば、売れる商品を設計することができます。

人が思わずモノを買ったり、行動を起こしたりする心のホットボタンを、「インサイト」と呼びます。もともとは効果のある広告をつくるために生まれた考え方です。私が二〇〇五年に前著『インサイト』を出版した頃、このキーワードをご存知だったのは一部のグローバル企業の戦略部門の方々に限られていました。しかしインサイトはここ数年で、製品開発、サービス開発、店舗開発、プロモーションなど、あらゆるマーケティング活動で広く使われるようになりました。

ただ、インサイトの考え方は理解できても、実際に使いこなすのは、なかなか難しいものです。ビジネススクールのマーケティング講座で教えたり、また実務でワークショップを開催したりする中で、多くの人が陥りやすい失敗がどこにあるかわかってきました。

どうやって、インサイトを見つけ出すのか？　仮説の立て方は？　検証の仕方は？　組織の中で、その提案をどうやって説得していったらいいのか？

インサイトを見つけてから、消費者の目に触れるカタチにするまでには、さまざまなハードルがあります。本書では、これらをクリアする実践的な方法、実際のプランニングに役立つツールを、テンプレートとともに紹介します。

第1部は、ひとりで使える、さまざまなツールを紹介していきます。インサイトを見つけ活用する「スキルを養う」うえでも有効です。

・1章：インサイトをいかに見つけ出すかという「発見ツール」
・2章：キーインサイトの仮説をつくる「仮説ツール」
・3章：キーインサイトをもとに解決案であるプロポジション(戦略的な提案)をいかに発想するかという「発想ツール」
・4章：そのインサイトとプロポジションが正しいかどうかをチェックする「検証ツール」

第2部では、組織でインサイトを発見し共有する、「インサイト・ワークショップ」という方法をご紹介します（基本的な流れは5章を参照）。すべての関係者を巻き込み、インサイトを旗印として同じ方向に力を結集させるためのもので、ビジネスの現場でよく登場する二つのテーマを取り上げます。

・6章：新しい市場をつくったり拡大したりするときに使われる「ヒューマン・インサイト」
・7章：成熟市場での差別化などでよく使われる「カテゴリー・インサイト」

ここでは、実際に行われたワークショップの様子をご紹介しながら、いわば実況中継のようなスタイルで解説します。疑似体験を通して、実践的なスキルを身につけていきましょう。

インサイトが生み出す画期的な解決策

インサイトを活用することで、今までにない、どのような解決策を生み出すことができるのか、具体的な例をお話ししましょう。

松下電器産業（現パナソニック）の「新・子育て家電」は、インサイトを取り入れて、頭打ちだった「食器洗い乾燥機」市場を成長させることに成功しました。それまで、テクノロジーが市場を開拓すると思われてきた製品カテゴリーですが、まったく新しい切り口から市場を創り出したのです。

「食器洗い乾燥機」は、二〇〇五年当時、普及率二〇％程度から伸び悩んでいました。欲しい家電の優先順位で、薄型テレビなどと比べて低い順位にありました。

一般に、成長している製品カテゴリーでは、消費者がすでにそれを「欲しい」と思っているので、新しい機能や競合製品との違いを打ち出すだけでよいのですが、伸び悩んでいる製品カテゴリーの場合は、そもそも「欲しい」という気持ちにさせるところから始めなければなりません。つまり、動機付けが必要なのです。言い換えれば、インサイトを見つけ出し、いかに消費者の心のホットボタンを押すかが課題となります（**図A**）。

まず、食器洗い乾燥機の買われ方を見ると、結婚、出産、子供の入園や入学、

図A

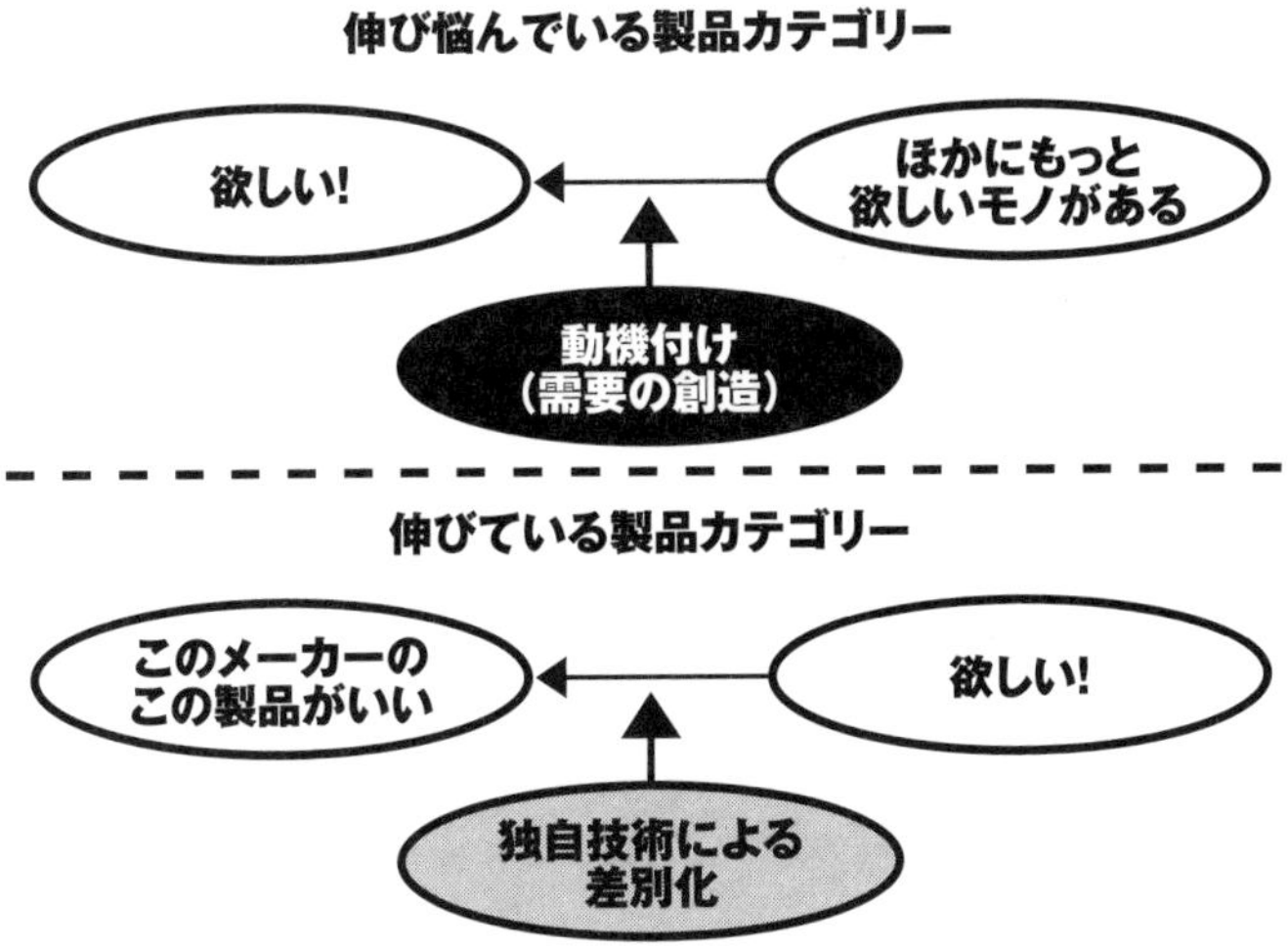
伸び悩んでいる製品カテゴリー
欲しい!
ほかにもっと欲しいモノがある
動機付け（需要の創造）
伸びている製品カテゴリー
このメーカーのこの製品がいい
欲しい!
独自技術による差別化

子供の独立といった人生の節目に当たるときということがわかりました。この事実を掘り下げていくと、「新婚期」「出産・子育て期」「シニア期」などのグループでも受容性が高かったものの、特に「小さな子供のいる子育て期の家庭」で圧倒的な支持を得ていることがわかりました。

そこで、この子育て期の母親のインサイトを探り見つけたのが「育児を楽しみたいけど、家事に追われてイライラしてしまう」というもの。これを受けて、開発したプロポジション（戦略的な提案）が、「新・子育て家電――子供との時間を少しでも長く楽しく。

図B

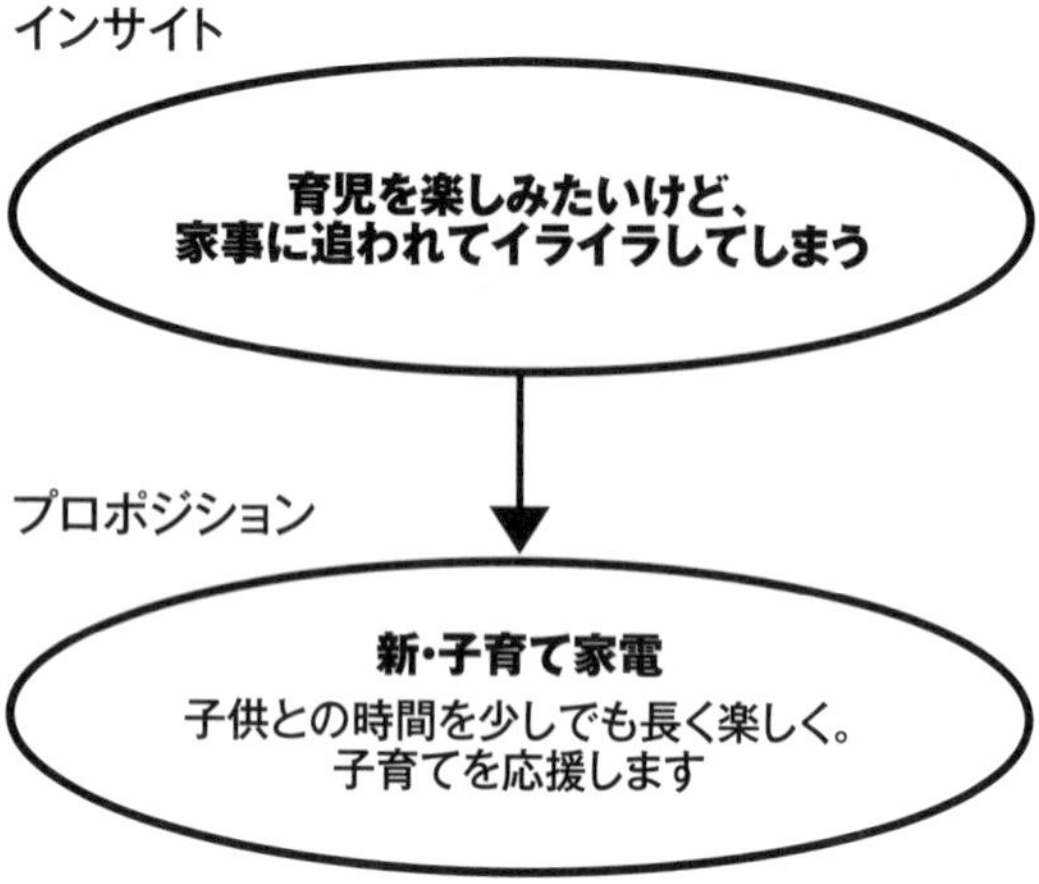

子育てを応援します」というものでした（図B）。

すばらしいのは、「忙しい子育て期に、食洗機があったら楽ができますよ」というプロポジションを打ち出さなかったことです。こういう提案では、ターゲットの母親たちは、「手抜きをしたがっているみたい」と後ろめたさを感じてしまうからです。「食器洗いは家電に任せて、できるだけ子供との時間を長く。忙しい毎日にゆとりの時間をプレゼントします」という提案だからこそ、お母さんたちは、食器洗い乾燥機が欲しいと声を大にして言うことができたのです。

　このプロポジションに沿って製品特徴をうまく表現し、広告プロモーションを打った結果、二〇〇五年六～八月期の新発売期の販売実績は、対前年比一四〇%を超えました。

製品特徴
・子供用食器をしっかり除菌……低温ソフトコースで熱に弱いプラスチック食器も除菌
・（子供を抱きながらでも片手でセットできる）オープンドーム
・子育て家庭にうれしい、エコな設計（水道も電気も節約）

広告プロモーション
・店頭は、従来のブルーから、「ピンク」の展示台に変更
・赤ちゃん用品の専門流通「アカチャンホンポ」（赤ちゃん本舗）と共同で「子育てもっとハッピー計画」というプロモーションを実施
・ウェブサイトは製品説明に終始せず、「子育て応援サイト」を立ち上げる

・育児誌ともタイアップ企画を行う

さらに同社は、ここで得たインサイトとプロポジションを、他の製品カテゴリーにも拡大。「食育の応援」（フードプロセッサーなど）、「赤ちゃんのためのハウスダスト対策」（掃除機や空気清浄機など）といった切り口で、さらに大きな需要を創出することに成功しました。

このように、育児に関する悩みにいろいろな角度から応えることで、消費者に対して「子育てを応援するメーカー」という印象を与え、ブランド構築にもつなげていったのです。

インサイトを突くことで、市場を拡大し、ブランドのロイヤリティを高めていく――それでは、第1部より具体的な方法について見ていきましょう。

「思わず買ってしまう」心のスイッチを見つけるための
インサイト実践トレーニング

目次

chapter 2

キーインサイトの仮説をつくろう……068

chapter 3

インサイトからプロポジションを発想しよう……096

chapter 4 インサイトとプロポジションを検証しよう……141

第2部 インサイト・ワークショップ

すべての関係者を巻き込んで成果につなげる方法

第1部

インサイト実践ツール

ひとりでできる、さまざまな技法

chapter 1 インサイトを発見しよう

消費者のホンネは、ターゲットにインタビューしたりヒアリングしたりするだけでは、なかなかわからないものです。また、あるモノやコトに対するイメージも言葉で表現することは難しいので、引き出すための手法やテクニックが必要になってきます。

第1部では、インサイトを見つけ出し、そこからプロポジションを導き出し、実行に移すまでのプロセスに沿ってさまざまなツールを紹介していきますが、まずはインサイトを発見するためのツールから始めましょう（**表1-1**）。

これらはいずれも投影法と呼ばれているもので、心の奥底で感じている感情や気持ち

表1-1　インサイト発見ツール

ツール	目的
1 ユーザーお絵描きと吹き出し	・人のイメージ：ある商品カテゴリーやブランドのユーザーのイメージ、ある行動をしている人のイメージなどを明らかにします ・心の声を吹き出しに書かせることで、その行動をとる本当の動機や心理的なバリアを把握
2 パーティはお好き？	・企業（団体・組織）やカテゴリーのイメージを、パーティに投影させて把握 ・特に競合と比較したときの企業イメージの強みや弱み、消費者から見たときの親近感や距離感などがわかります
3 ベンチの隣に座った人は、どんな人？	・ブランドや商品カテゴリーを擬人化してイメージを把握 ・特に競合する上位ブランドとのイメージの違い、ユーザーとノンユーザーでのイメージの違いがわかります ・消費者のブランド連想を把握し、ブランドをつくっていくときの方向性を探ります
4「○○の惑星」に行ってみよう	・「行動」「状況」に関する態度を把握します（絵を描くことで深層心理も明らかになります） ・それが社会的（世の中、今の時代）にどう受け取られていると感じているかを把握できます
5 写真選び／写真集め	・人のイメージ：テーマに合う人の写真、その人が持っていそうなもの、その人の趣味などの写真を、選んだり持ち寄ったりすることでイメージを把握します ・シチュエーションイメージ：どんなとき、どんな場所でそういう気持ちになるかを把握します

を、絵や写真、台詞などに投影させて明らかにしようというものです。本来はターゲットの消費者に実際にやってもらい、そこからホンネを読み取るための手法ですが、消費者の立場になりきる際の手助けにもなりますので、まずは自分でやってみることをお勧めします。

企業側、作り手側の立場で毎日を過ごしていると、消費者の立場や目線にスイッチを切り替えようと思ってもなかなかうまくいかないものです。でも、これらのツールを使ってみると、切り替わるときの感覚、切り替わったあとのモノの見方や感じ方を実感できます。慣れてくれば、自分が今、消費者モードになっているか、企業モードのままか、わかるようになりますし、切り替えも早くなります。

また、あらかじめ自分を実験台にしてシミュレーションしておけば、そのあとでターゲットの消費者にやってもらい、結果を読み解くときの参考にもなります。

発見ツール 1

ユーザーお絵描きと吹き出し

あるモノを好きな人といった、「人」のイメージを明らかにします。別のモノを好きな人と対比させ、それぞれの人が抱えている本当の動機や心理的なバリアを浮かび上がらせる手法です。あるモノを使っている人、あるコトをしている人など、設定を変えることもできます。

まず、**図1-1**のように、「○○が好きな人」のイメージを絵に描きます。隣にいる別のモノが好きな人に、自分の好きな○○を勧めるという設定です。どういう言葉で説明するか、また心の中で思っていることを吹き出しに書きます。同様に、「△△が好きな人」を絵に描きます。そして、隣の人に○○を勧められてどう答えるか、何を感じたかを書きます。

図1-1　ユーザーお絵描きと吹き出し

用紙にはあらかじめ、棒人間のような形を描いておく

記入例

実際にどうやればよいか、ケースで見てみましょう。

ケース
CASE

焼酎が好きな人、ワインが好きな人

「焼酎の売上げを伸ばす」という課題が出たとしましょう。皆さんなら、どうしますか？

通常は、「二日酔いしにくい」「値段が手頃」「ロックでもお湯割りでも、いろいろな飲み方ができる」など、焼酎そのものの特徴や良さを洗い出し、伝えるでしょう。でも、いったいどのポイントが消費者の琴線に触れるのか。予算をつぎ込んで焼酎の良さをいくら啓蒙しても、インサイトを突かなければ、振り返ってもらえません。

そこで、焼酎はどんなお酒と思われているのか、消費者の気持ちを知ることから始めましょう。どんな人が、焼酎のどんなところを気に入って飲んでいるのでしょうか。逆に、焼酎を飲まない人は、なぜ飲まないのでしょうか。

アンケートなどの定量調査で「焼酎にはどんなイメージがありますか」と聞いたとしても、「クセがある」「素朴」「安い」といった表面的な答えしか出てこないでしょう。人は、いろいろなイメージを潜在的に感じていたとしても、なかなか言葉にして表現できないのです。

例えば、焼酎を飲まない人が、「焼酎独特のにおいが嫌いだから」と理由を答えてくれたとします。でも、これは本当のバリアではありません。なぜなら、においがまったくない焼酎をつくったとしても、やはり飲まない可能性が高いからです。別に嘘をついているわけでも、本心を隠しているわけでもなく、自分でも、本当の理由に気付いていないのです。

このツールは、本人でもわかっていない潜在的な動機やバリアを明らかにしてくれます。

では、順を追って使ってみましょう。

まず、マーケティングの課題に合わせてテーマを設定します。今回は焼酎の売上げアップが課題ですから、「焼酎が好きな人」をメインにして、その対比として「ワインが好きな人」を描いてみます。

「焼酎を飲んでいない人」が焼酎をどう見ているかも知る必要がありますが、そのとき、単に「焼酎を飲まない人」と設定するより、「ワイン（のほうが焼酎より）好きな人」と設定したほうが、イメージしやすくなります。

①「焼酎が好きな人」になりきります。目をつぶって想像してみてください。友達や飲み屋で見かけた人のイメージも参考になるかもしれません。

②性別は？　年齢は？　体型は？　服装は？　髪型は？　職業は？　住んでいる場所は？　性格は？　趣味は？　どんな話をしそうか？　話し方や声はどんな感じ？　などを具体的に想像していきます。

③イメージが十分できたら絵に描きます。真っ白な紙より、「棒人間」があったほうが描き始めやすいでしょう。上手に描く必要はありません。特徴がわかればいいのです。

④描き上がったら、②で想像した項目も合わせて発表します。ひとりでやっている場合は、内容についてのメモを残しておきましょう。

⑤「ワインが好きな人」についても、①〜④と同じことを行います。

ある人に描いてもらったのが、**図1-2**です。ここから読み取れるのは、焼酎好きの人は、よくも悪くも豪快な男らしい男が飲んでいるというイメージがあるということです。ワインが持っている洗練された都会的なイメージは希薄で、田舎っぽい素朴なイメージです。

図1-2　焼酎が好きな人、ワインが好きな人

焼酎が好きな人：50代の男性で、がっしりした体型、頭は角刈り、職人気質、酒が好きでよく飲む。気さくな性格で庶民的。話題は、温泉と旨いもの。陶器にも造詣が深い。愛読誌は『サライ』。**ワインが好きな人**：50代の男性なのは同じだが、細くて長身。身のこなしが優雅で女性的。話し方も繊細。ちょっと神経質でプライドが高い。新しいモノ好きで、話題はiPhone。

次に吹き出しと会話を書きます。

⑥焼酎好きの人が、ワイン好きの人に焼酎を勧めるとき、どう話すかを想像して書きます。心の中で思っていることがあれば、雲形の吹き出しに書きます。

⑦次にワイン好きの人が返事をします。焼酎のことを褒めてください。一方で、口には出さないけれども思っていることがあれば、雲形の吹き出しに書いてください。

両方の吹き出しを比べてみましょう（**図1-3**）。

図1-3　吹き出しコメント

焼酎が好きな人から、焼酎を勧める

ワインが好きな人の返事

焼酎好きな人が焼酎を勧めるときは、一般的で、すでに知られていることを羅列する場合が多いのですが、そのほうが相手に受け入れてもらいやすいと思っているからです。一方、雲形の吹き出しは、焼酎を好きな本当の理由である可能性が高いといえます。この雲形の吹き出しについて問いかければ、さらに具体的な話が出てきます。

「産地によって素材によって、味が違うところは、ワインに似ているかも。こだわりはあるけれど、うんちくをひけらかす感じじゃなくて、地に足が着いたところがいい。落ち着いた男が飲む酒ってイメージ。陶芸とかを趣味にしていそう……」

これが、焼酎好きの人が焼酎を飲む理由、つまり、本当の動機です。この点が強化されたり刺激されたりすると、思わず焼酎を飲みたくなるということです。

次に、ワイン好きの人のセリフからは、表向きは、「焼酎好きな人＝酒へのこだわりがある」「大人な感じ」と言っているものの、本心では「単なる大酒飲み」「ダサいオヤジ」と思っていることが浮かび上がってきます。

これが、焼酎のイメージ上の弱みです。焼酎を飲まない人は、たいてい「おいしくない」「臭い」「クセがある」といった理由を並べますが、実は一番バリアになっていたのは、「ダサい大酒飲みのオヤジに見られたくない」という深層心理だったということがわかります。

以上から、焼酎の売上げアップを図るとすれば、どういうことが考えられるでしょうか。焼酎好きの人が飲んでいる動機付け要因で、ワインにはない強みは、「気取らないこだわり」です。このイメージを強化すれば、さらに飲んでくれるでしょう。

一方、焼酎を飲まない人の焼酎に対する心理的なバリアは、「ダサいオヤジ」というイメージです。これを、ポジティブに変換できれば、焼酎を飲んでくれる可能性が出てきます。

ここから、「カッコイイ大人の男は、気取らないで飲む」といった提案が考えられます。

発見ツール 2

パーティはお好き？

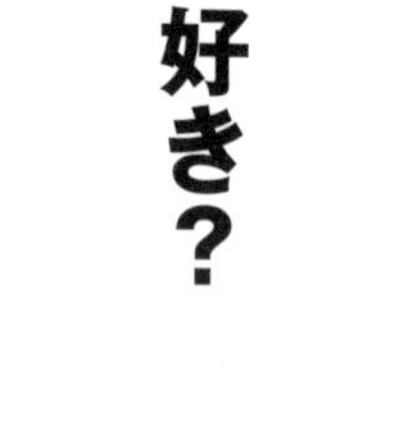

自社や競合の企業イメージ調査というと、今まではアンケート調査を行い、「安定感のある」「一流の」「成長性のある」「革新的な」「顧客ニーズに対応した」などの軸でレーダーチャートにして分析するのが一般的でした。

しかし、この方法では同じ業界内の企業の差がほとんど出てきません。生命保険会社であれば、どこも「保守的な」「安定感のある」などの項目が高く、「革新的な」「成長性のある」が低い形になります。ＩＴ企業であれば、「成長性」は高く「安定性」は低い結果が出てきます。知名度のあるなしがわかるぐらいで、決定的な差を知るには不十分でした。

そうした点を解消できるのが、このツールです。企業・団体・組織や、サービスのカ

テゴリーなどに対するイメージをパーティに投影させて読み取るもので、競合と比較したときの強みや弱み、消費者から見たときの親近感や距離感が明らかになります。

まず、イメージを把握したい企業がパーティを開いていると仮定します。頭に浮かんでくるパーティの雰囲気は潜在的な企業イメージを、会場に来ている人々の様子は、その企業の顧客がどういう人たちかを表しており、居心地の良さなどの感想から、親近感や心理的な距離感がわかります。これを、競合する企業でも同様に行い、企業イメージの差、強み、弱みを把握します。

自社のイメージ上の強みがわかれば、新商品の開発や販売に生かすことができますし、社員を募集する際のアピールポイントに利用することもできます。

ケース
CASE

都市銀行Mならではのイメージを把握する

今回の課題は、都市銀行Mの企業イメージの向上です。かつて銀行のサービスはどこも横並びで、支店数が多くて便利かどうかといった利便性だけで選ばれるという時代がありました。しかし、外資の銀行が新しい商品やサービスを提供し始めるなど、状況は変わりつつあります。

そこで都市銀行Mでは、一般消費者からどういうイメージで見られているのか、どういうパーソナリティ（性格）の銀行だと思われているのかを調べることにしました。

通常は自社だけでなく、同業他社二、三社と比較します。最大のライバルや業界トップ、急速に伸びている新興企業を取り上げることが多いです。ここでは、日本の都市銀行Tを最大のライバルとして、外資系銀行Sをタイプの異なる銀行として選びました。

都市銀行というと、カテゴリーが持つイメージが強すぎて、定量調査ではどの銀行も似たような結果となります。かといって、定性調査で各行のイメージを言葉で表現しようとしても、各社の違いが微妙すぎます。「Tが一番古くて保守的かな？」「Mも財閥系で古いけど、名前がよく変わるから、安定感はTより下？」「Sは新しい感じ」ぐらいの答えしか出そうにありません。

しかし、言葉にならなくても、それぞれにイメージや感情を抱いています。もし三行の支店が同じ場所に並んでいて、どれかに口座を開かねばならないとしたら、その無意識の声に従って選ぶことになります。このツールを使うと、消費者が潜在的に感じている違いがはっきりと見えてきます。

それでは、都市銀行Mに対するイメージを探ってみましょう。

まず、都市銀行Mがパーティを開いたと仮定します。あなたは、消費者のひとりとして、そのパーティに参加します。どんな場所で、どんな規模で、どんな人たちが来ているか、料理はどうか、うるさいか静かか、といった具体的な質問に答えていくことで、その銀行に対するイメージや好き嫌いがはっきりしてきます。

競合する銀行のTとSについても同様に行い、その違いを見ていきます。

都市銀行Mのパーティ

①まず、銀行Mがパーティを開いたと仮定します。どんなパーティか、目をつぶってイメージを膨らませます。

②どんな案内状が届きそうでしょうか？

——普通のDM。カード会社のファミリーセールの案内状みたいなもの。気軽に来てという感じだけど、安っぽい感じもする。出し物が多くて、楽しそうではある。

③誰と、どんな格好で行きますか？

——家族連れで。子供も連れていくかも。普段着より、ちょっとオシャレするぐらいかな。

④受付は、どんな感じですか？

――混み合っていて、どこで受付するのかよくわからない。整理されていない。係員とかもいるのだが、まったく役に立っていない（笑）。

⑤パーティ会場はどんなところですか？

――下町の町内の会館みたいなところ。安上がり。よくいえば、気取ってなくて親しみやすい。行きやすい場所。子供が来ても、おかしくない。

⑥どんな人たちが来ていますか？

――近所の人たち。おじいちゃんやおばあちゃんも、孫連れで来ている。八百屋のおじさんも、文房具屋のおばちゃんも。

⑦混み合っていますか？

――けっこう混んでいる。無料で、出し物や食べ物があるということで、みんな来ている。人気があるというほどではないが、親しみを感じている。

⑧どんな会話をしていそうでしょうか？

――世間話や子供の話。奥さん連中は、夫がどうのこうのといった話。

⑨騒がしいですか？　それとも静かですか？　音楽は何か、かかっていますか？

――騒がしいうえに、演歌とか、Ｊポップとかが有線でかかっているイメージ。
⑩料理はおいしいですか？
――庶民的。商店街のコロッケとかがそのまま出ている感じ。まずくはない。
⑪居心地はいいですか？
――騒がしいし、サービスもよくないので、居心地がいいわけではないが、気を遣わないので、疲れない。気楽。
⑫来てよかったと思いますか？　また来たいですか？
――まあ、来てよかったんじゃない。ただで近所なら、来てもいい。
⑬どうなってくれると、うれしいですか？
――さすがに、もう少し、整然としてほしい。あと、係員が立っているだけでなく、案内ぐらいしてほしい（笑）。

全体として、都市銀行Ｍは、下町的な気楽さを持った庶民的な銀行と思われていることがわかります。この人は、Ｍに口座を持っているので、雑然とした雰囲気に不満を持ちながらも、気楽さが気に入っていることが読み取れます。

都市銀行Tのパーティ

①今度は、銀行Tがパーティを開いたと仮定して、イメージを膨らませます。

②Tからは、どんな案内状が届きそうでしょうか？

——高級な案内状。VIPとか書いてある。カード会社でいえば、ゴールドカードの会員誌みたいな。いい紙を使っていて、光沢がある。

③誰と、どんな格好で行きますか？

——会社の上司と行く。きっと、ビジネススーツで。勤務時間中かもしれない。商談に行くときみたいな、ちょっとした緊張感がある。

④受付は、どんな感じですか？

——きちんとしている。受付の係員は礼儀正しく、笑顔で対応している。でも、全然目が笑っていない。芳名帳に名前を書くとき、筆しか置いてなくて困る（笑）。

⑤パーティ会場はどんなところですか？

——丸の内のような、正統派のビジネス街にある。建物は、明治時代に建ったような、由緒ある洋館かな。玄関はとても立派で、階段を上がってドアを開けるようなイメージ。高級感があるが、悪くいえば、気位が高いというか偉そうな感じ。

⑥どんな人たちが来ていますか？
――大企業の重役たち。中小企業の人たちは、急成長していても呼ばれない。新興企業は、伝統がないから。あと、政治家とかもいそう。ほとんどが男性で、五〇代以上が多い。
⑦混み合っていますか？
――計算された人数という感じ。コンパニオンも配置されていて、抜かりがない。
⑧どんな話をしていそうでしょうか？
――ビジネスの話。政治がらみの話。ゴルフの話。可笑しくもないのに笑い声がする。
⑨騒がしいですか？　それとも静かですか？　音楽は何か、かかっていますか？
――静か。笑い声だけがでかくて、ホールに響いている。音楽は静かなクラシック。ピアノかバイオリンの音色が聞こえる。
⑩料理はおいしいですか？
――最高級素材を使っている。が、冷めている。おいしいものを出すというより、高級なものを出すという方針。
⑪居心地はいいですか？
――自分がＶＩＰと思われていることに満足できれば気持ちよさそう。でも、私は、あ

まり居心地がよくない。みんな偉そうで馴染めないというか、好きになれない。

⑫来てよかったと思いますか？　また来たいですか？

――仕事だから来るが、自分から来たいとは思わない。

⑬どうなってくれると、うれしいですか？

――このままでいいと思います。私は、好きではないですが、きっとこういう雰囲気が好きな人もいると思うので。

この結果からは、「伝統や格式があるが、偉そうな態度が嫌い。接点を持ちたくないし、距離感がある」というネガティブな感情が読み取れます。普通に印象を尋ねただけでは、「伝統があって、格式が高くて、安定感のある銀行」といった表現にとどまったことでしょう。この人が銀行Tに口座を開いていないとすれば、この感情がバリアになっていると考えられます。

外資系銀行Sのパーティ

①今度は、銀行Sがパーティを開いたと仮定して、イメージを膨らませます。

②Sからは、どんな案内状が届きそうでしょうか？
——郵送ではない。メールで案内が来る。ちゃんと、投資や金融商品のセミナーなどが用意されていそう。
③誰と、どんな格好で行きますか？
——ひとりで。あるいは、投資に関心のある友人と。ある程度、きちんとした格好で行く。それなりにお金があるように見えてほしい。
④受付は、どんな感じですか？
——システマチックにできている。カード式で登録されるとか、自動的にネームプレートが出てくるとか。受付の係員も若い。
⑤パーティ会場はどんなところですか？
——渋谷とか青山とか、ファッショナブルなところ。
⑥どんな人たちが来ていますか？
——起業家とか、若い人たち。勉強熱心な人たちが来ていそうな気がする。外人もいる。
⑦混み合っていますか？
——けっこう混み合っている。でも、初めての人とも話しやすい混み具合。

⑧どんな話をしていそうでしょうか？
——一緒に組んで仕事ができないか。飼っている犬の話やクルマの話。やっているスポーツの話など話題の幅は広そう。
⑨騒がしいですか？　それとも静かですか？　音楽は何か、かかっていますか？
——ほどよい騒がしさ。会話が弾んで、賑やかになっている感じ。
⑩料理はおいしいですか？
——話をするのが中心になっているので、あまり味わって食べていない。いちおうフードが用意されているという感じで、飲み物を片手に歩き回るイメージ。
⑪居心地はいいですか？
——有意義な時間を過ごした気がする。知り合えてよかった人も何人かいる。
⑫来てよかったと思いますか？　また来たいですか？
——よかった。ためになったので、また来たい。まあ、ときどきでいいが。
⑬どうなってくれると、うれしいですか？
——もう少し、気軽で、あたたかい雰囲気があるといいと思う。ちょっと、気取った、バブリーな感じが気になるので。

表1-2　パーティで見えた、3銀行のイメージの違い

	都市銀行M	都市銀行T	外資系銀行S
イメージ（特に、パーソナリティ／性格）	下町的な気楽さを持った庶民的な銀行（けっこう好き）	伝統や格式はあるが、偉そうな銀行（好きではない）	有能で、プロフェッショナルな銀行（使える）
強み	気楽さ、家族的なあたたかみがあり、付き合いやすい隣人と思われている	顧客が自分をＶＩＰと思える。一流の仲間入りをしたという満足感がある	先進的、合理的で、使えるパートナーと思われている
弱み	サービスの質が低く、安っぽいと思われている	敷居が高い。距離感があって、親しみにくい	気軽さ、あたたかさに欠ける

この結果からは、銀行Ｓを優秀な銀行と思っていることが読み取れます。ただ、好きというよりは、「使える」という感情に近いようです。あるサービスを利用するためにＳ銀行に口座を開くけれど、それ以外の取引はしない、といった感じです。付き合いが長くなり、どんどん気に入ってくれれば、メインバンクになる可能性はあるかもしれません。

表1-2に違いをまとめました。銀行Ｍは庶民的な気軽さを維持しながら、Ｓのような便利なサービスを提供できれば、消費者と最高の関係を築ける可能性があるといえます。

発見ツール
3

ベンチの隣に座った人は、どんな人？

このツールでは、ブランドを擬人化して、イメージやパーソナリティ（性格）を、明らかにします。ブランドは、単なるモノという存在を超えて、人間と同じようなイメージや性格を持っています。いつ、どこで誕生したかといった生い立ちもありますし、洋服（パッケージやデザイン）を着ていて、話もします（広告コミュニケーション）。静かな落ち着いたブランドもあれば、おしゃべりで陽気なブランドもあります。

人と人の間にはなんらかの感情が生まれますが、消費者とブランドの間も同様です。身近な人、憧れる人ともっと一緒にいたいとか、遠くから見つめていたいといった感情が生まれるように、ブランドに対しても、親近感や憧れを感じ「なんか好き」「よさげ」といった気持ちが生まれます。それが、そのブランドを選んで買うという行動につながっているのです。しかし、消費者はこういうことをまったく意識していません。

そこで、このツールを使います。関係性や感情だけでなく、さまざまなことが明らかになります。

・競合する上位ブランドとの違い（どういうイメージや関係性で弱いのか、何を改善すべきなのか、など）

・ユーザーとノンユーザーでの違い（イメージや関係性にどういう違いがあるのか？ユーザーの好意的な感情は何から生まれているのか？ ノンユーザーは、何が足りないのか？ どういうバリアがあるのか？ など）

・新しいブランドを立ち上げるとき、どういうパーソナリティを設定すればよいか（商品やブランドの特徴からどんなイメージが連想されるかを知ることで、どんなブランド・パーソナリティの設定が消費者に受け入れられやすいかを判断できます）

このツールでは、擬人化によって深層心理を探っていきます。あなたが公園のベンチに座っていると、そのブランドが隣に腰かけてきたという設定です。どんな人か、どんなおしゃべりをするか、といったことから、そのブランドの性格や、そのブランドとの関係性、距離感などを解釈していきます。

自分ひとりでトレーニングする場合は、なるべく仕事とは関係のないカテゴリーやブランドを想定してみましょう。現実にかかわっている商品を題材にすると、うまく想像力が働かなくなってしまうからです。もし自分が担当する商品やブランドを取り上げたい場合は、友人や知り合い、できれば一般の消費者にやってもらいましょう。

ケース
CASE

シャンプーブランドLに対する気持ちの変化を探る

ここでの課題は、シャンプーブランドLの巻き返しです。高級なイメージで売ってきたブランドLですが、最近シェアが下がってきており、高級でも身近感のあるブランドTと、ファッショナブルなブランドVがシェアを伸ばしています。つまり、Lのユーザーが減ってきていると想定されます。いったい、なぜでしょう。

その原因を探るために、Lのノンユーザー（特にLから離れていった人）はLをどう見ているのか、TやVとどう違うのかを見ていきます。これをLのユーザーの深層心理と比べてみれば、イメージの違いがさらに明らかになるでしょう。

ツールの使い方としては、まず、Ｌのユーザーになりきります。そしてＬを擬人化し、ベンチの隣に座ってもらい、やりとりの様子を描写します。Ｔ、Ｖについても順に行います。

次に、Ｌのノンユーザーになりきって、Ｌ、Ｔ、Ｖの順にイメージを描きます。その結果を、Ｌのユーザーとノンユーザーで比較します。ユーザーでは、Ｌの強みが何なのか、ノンユーザーではＬの弱みが何なのか、特にＴ、Ｖと比べて何が弱いのかがわかります。

以下に消費者Ａさんが答えた例を挙げました。Ａさんの気持ちを解釈してみてください。

シャンプーブランドLの「ユーザー」になりきる

①まず、シャンプーブランドＬが人間だとしたら、どんな人でしょうか？

――キレイな人。セレブ。ドレスを着ている。場違いなぐらい、華やか。お姫様っぽい。

②第一印象はどうですか？　知っている人ですか？

――よく知っている人です。映画の中でよく見かけます。ステキな人。笑顔で、身のこなしが優雅。気持ちに余裕がありそう。

③どんな会話をしますか?

――どうしたら、そんなにキレイになれるのか、いろいろ教えてもらいます。メイクの仕方とか化粧品とかに、すごく詳しい。聞いたら答えてくれる感じ。

④友達になれそうでしょうか?

――こういう人と友達になれたらいいなあと憧れます。グループの中でも一目置かれる存在になりそうです。

⑤次に、シャンプーブランドTが人間だとしたら、どんな人でしょうか?

――隣のキレイなお姉さんという感じ。わりとコンサバな服装をしている。着物も意外と似合うかもしれない。

⑥第一印象はどうですか? 知っている人ですか?

――見たことはあります。テレビの中で。でも、近所でも会ったことがあるかもしれない。キレイだけど庶民的です。

⑦どんな会話をしますか?

――けっこうよくしゃべる人です。向こうから話しかけてきそう。世間話とか、彼氏のこととかいろいろ話しそう。

⑧友達になれそうでしょうか？

――いつでも友達になれそう。でも、何か教わったり、刺激を受けたりしなさそうなので退屈するかもしれない。一対一というより、いつもグループで遊びに行きそう。

⑨最後に、シャンプーブランドVが人間だとしたら、どんな人でしょうか？

――スタイルのいい人。モデルでもやってそう。すごくオシャレ。今流行っている服を着ていて、それがすごく似合っている。カッコイイ。

⑩第一印象はどうですか？　知っている人ですか？

――あまりよく知らない。雑誌の中で見たことがあるのかもしれないけど、よくわからない。クールでカッコイイけど、とっつきにくい。

⑪どんな会話をしますか？

――ほとんど何も話さない。こちらから、話しかけても、ちらっとこっちを見るだけかも。ダイエットとか詳しそうだけど、あまり何も話さないので謎めいた感じの人。

⑫友達になれそうでしょうか？

――友達にはならないと思う。ナルシストっぽい。親しくなったらおもしろそうだけど、こちらからアプローチする気にはなれない。

以上から、ユーザーはLに対して憧れがあり、キレイになる秘訣を教えてくれる友達的な位置づけで、庶民的なTや冷たい印象のVより、一緒にいたいと感じていることが読み取れます。

シャンプーブランドLの「ノンユーザー」になりきる

①（ノンユーザーから見て）Lが人間だとしたら、どんな人でしょうか？

――キレイな人。ゴージャス系。でも、ファッションやアクセサリーがちょっとバブリーっぽくて、古いといえば古い気もする。

②第一印象はどうですか？　知っている人ですか？

――なんか、リアルじゃない。ファンシーっぽいというか、ディズニーランドの中のベンチというか。

③どんな会話をしますか？

――男の子にどうしたら愛されるか、とか男の子の話ばかり。自分がどうしたいというより、ちょっと媚びているかも。あまり自分に自信がなさそう。

④友達になれそうでしょうか？

――知り合いだったんだけど、なんか前よりも遠い存在になった気がする。男の子ばっかり見てないで、女友達をもっと大事にしてほしいなあ。

⑤（Lのノンユーザーから見て）Tが人間だとしたら、どんな人でしょうか？

――身近にいる、キレイな女性。元気で明るくて、友達が多そう。

⑥第一印象はどうですか？　知っている人ですか？

――よく知っている。いいところのお嬢様。大学時代の同級生。

⑦どんな会話をしますか？

――今の仕事とか、習い事とか、最近読んだ本のこととか。いろんな身近な話題に花が咲きそう。

⑧友達になれそうでしょうか？

――久しぶりに会ったら、前よりもステキになっていた気がする。また、友達になれそう。一緒にいて疲れなさそう。

⑨（Lのノンユーザーから見て）Vが人間だとしたら、どんな人でしょうか？

――最新のファッションを身にまとったモデルさん。キレイだし、スタイルもいい。

⑩第一印象はどうですか？　知っている人ですか？

――よく知らない。カッコイイけど、とっつきにくい。わが道を行くタイプで、まわりを振り回しがち。

⑪どんな会話をしますか？

――ほとんど何も話さない。でも、ファッションやメイクについては、やたらと詳しい。聞くと、プロ並みの情報やテクニックを教えてくれる。

⑫友達になれそうでしょうか？

――友達にはならない。何か教えてほしいときだけ、メールか電話をする。

以上から、このノンユーザーは、Lに対してユーザーと同じように高級感を感じているものの、それが憧れにはつながっていません。ちょっとバブリーで男に媚びているといったネガティブな印象を持っていて、TやVのほうが今っぽいし共感できると思っています。

表1-3　擬人化してみた各ブランドのイメージの違い

	シャンプーブランドL	シャンプーブランドT	シャンプーブランドV
Lユーザーから見た、各ブランドのイメージ（パーソナリティ）	キレイなセレブリティ（憧れ）	隣のキレイなお姉さん（退屈）	ファッショナブルなモデル（冷たい）
Lノンユーザーから見た、各ブランドのイメージ（パーソナリティ）	ゴージャス系だがバブリーで、男に媚びる古いタイプ（高級感はあっても、憧れはない）	いいところのお嬢様（前よりステキ）	ファッショナブルなモデルさん（とっつきにくいが、カッコイイ）

この点を解決するには、Lのゴージャス感を、男性に対してではなく、自分自身が楽しんでいるというように置き換え、今の女性の共感を高めることが考えられます。

ユーザーとノンユーザーのイメージの違いを**表1-3**にまとめておきますので、ご参照ください。

発見ツール 4

「○○の惑星」に行ってみよう

ある「行動」「状況」に対する、消費者の態度を把握するツールです。惑星のイメージを絵に描いてもらったり、話してもらったりすることで、感じていることを投影させる方法ですが、社会的に（世の中的に、今の時代的に）どう思われているかという、一種のソーシャル・インサイトを見出すこともできます。

例えば、「結婚をすること」についての態度を知りたければ、「みんな結婚する星」と「誰も結婚しない星」に行った様子を表現してもらいます。正反対の星の様子を対比することで、深層心理がよりはっきりと把握できるのです。社会的な事象でなくても、ジョギングをする、しないといったテーマにも使えます。

ケース
CASE

デジタルゲームに対して感じていることを洗い出す

ゲームメーカーが市場を拡大していくにあたり、どういうイメージを醸成していく必要があるか、どの方向で商品開発をしていくべきか。そうした判断の基礎情報として、消費者のゲームに対する態度を把握します。ゲームの利点やネガティブ面をどう感じているか、どんなタイプのゲームが望まれているか、抵抗感があるのかを、ツールを使って明らかにしていきます。

では「みんながゲームをしている星」「誰もゲームをしない星」に行ってみましょう。

「みんながゲームをしている星」に行く

①目をつぶって、想像力を自由に広げる心の準備をします。

②イメージが膨らむよう、物語のように話を進めていきます。まず、何も作業はしないで、想像だけします。

・今から、「みんながゲームをしている星」に宇宙船で向かいます。

③「みんながゲームをしている星」は、どんなところでしょうか?

・どんな光景、風景が見えますか？　大自然、大都会？
・何が聞こえますか？　音楽？　ノイズ？　それとも鳥のさえずり？
・何を肌に感じますか？　風はありますか？
・住人は、どんな人たちでしょう？　性・年齢は？　どんな服を着ていますか？　どんな性格の人たちでしょうか？
・何を大切にして暮らしていそうでしょうか？　どんなライフスタイルでしょうか？どんな仕事をしていて、オフではどんな娯楽をしていそうでしょうか？
・人々は何を話しているでしょうか？
・人々は幸せそうですか？
・ここにいて、居心地はいいですか？　ここに住みたいと思いますか？　それとも、たまに来たい場所ですか？
④想像したイメージを、絵にします。描いた絵の意味合いを、言葉で書き留めてもかまいません。絵が描けたら、どんなところか発表してもらいます。
⑤絵や言葉から、ポジティブな面、ネガティブな面などを読み取ります。

実際にある人が絵を描いて、説明を加えてくれたのが**図1-4**です。

ここから読み取れるのは、いろんなことがゲームで楽しく習得できる世界です。絵に動きがあり、楽しさにあふれています。勉強とか辛いことがゲームでできるようになったらいいな、という潜在ニーズや期待も読み取れますし、子供からお年寄りまでゲームをしていることから、ゲームはオタクだけのものではなく、誰もが楽しめるものというイメージが感じられます。

その一方で、「会話がない」とか、「頭でっかち」「足だけ長い」といった人の絵から解釈できるのは、ゲームをしていると「偏る」といったネガティブなイメージです。また、無機的なバーチャル世界への不安感が読み取れます。来たいときに来られれば楽しくて便利だけど、ずっと住むことには不安があるようです。

「誰もゲームをしない星」に行く

同じ手順で、今度は「誰もゲームをしない星」の絵を描き、発表してもらいます。

①目をつぶって、改めてイメージをし直します。

図1-4 「みんながゲームをしている星」のイメージ

絵についての説明

誰もがゲームに熱中している。マトリックスみたいにゲームでスキルを習得できるので子供だって飛行機を操縦できるし、年寄りだってカンフーを習っている。勉強も、ゲームでできちゃう。楽しい。だから、みんな幸せそう。

でも、みんな自分の世界にはまっていて、バラバラ。会話があまりない。頭でっかちの人とか、足だけ長い人がいて、みんな体型が偏っている。でも、個性豊かなのは、いいところ。

建物は白い壁で無機質な感じだけれど、街の外は大自然が広がっている。これは映像なのか、本物なのか、ちょっとわからないけれど。

楽しそうだけど、住んでみたくないなあ。ちょっと疲れそうだし、ずっといると飽きるかも。いつでも、何度でも、思い立ったときにすぐ来れるのがいい。

②今度も、宇宙船で、「誰もゲームをしない星」に行きます。
③どんな星か、同じように質問して、想像を膨らませます。
④想像したイメージを絵にして、意味合いをメモに書き留めます。
⑤先の「みんながゲームをしている星」と比べながら、ポジティブな面、ネガティブな面などを読み取ります（**図1-5**）。

ここから読み取れるのは、自分が子供だったとき、元気に友達と遊んでいた世界。自然に囲まれていて、自由で伸びやかです。この楽しい遊びの絵と発表から、ゲームがなくても楽しいのではないか、という疑問が読み取れます。

とはいえ、ここに居続けることはできないと、本能的に感じています。いずれはゲーム（そしてPCや携帯などのデジタル機器）に囲まれている今に戻ってこなくてはならない。

二枚の絵と発表からは、ゲームなどのデジタル世界を、あまりのんびりできる世界ではないけれども、基本的には肯定していることがわかります。

以上の結果を受けて、ゲームメーカーは、どう考えればよいでしょうか？

図1-5 「誰もゲームをしない星」のイメージ

絵についての説明

子供と年寄りの星。大自然に囲まれている。別に原始時代じゃない。子供が元気に走り回っている。木を削ったり、木に登ったり、いろんなモノをみんなでつくって遊んでいる。虫採りをして、川で泳ぐ。子供の頃、田舎のおばあちゃんの家に行って遊んだときのことを思い出した。

一見、退屈そうだけど、意外とそうじゃない。新しいことをどんどんやれるわけじゃないけど、モノをつくり出すのは楽しい。子供はみんな友達同士。けんかもするけど、仲がいい。

でも、私にとっては夏休みの星。１カ月ぐらい暮らして休みが終わったら、また都会に戻らなくちゃという気になりそう。学校が始まるから。

人々はゲームに対してさまざまな可能性を感じていることがわかりました。勉強など努力を要することも、ゲームなら楽しくできそう。そういう潜在ニーズをとらえたゲームソフトは、どんどん広がっていきそうです。また、子供やオタクだけでなく、幅広い人々の生活をもっと楽に、便利にするものとして浸透していく可能性があります。

一方で、人間関係や自然が希薄な、無機的なイメージがあり、潜在的な不安を抱いています。その不安を払拭し、「家族」「健康」「団欒」といった、今までゲームが提供してこなかった価値を感じさせるゲームができれば、まったく新しい需要を開拓することができそうです。

発見ツール5

写真選び／写真集め

あるテーマに沿って、そのイメージに合う写真を集めたり選んだりしてもらい、そこから深層心理を探ります。広く活用できるものですが、代表的な目的を挙げておきます。

ひとつは、「○○を使っている人」「○○が好きな人」など、人のイメージを明らかにする場合です。その人のイメージに近い人物写真、その人が持っていそうなモノ、クルマ、趣味などの写真を選んでもらい、そこから人物像をあぶり出していきます。

同時に、別のものを使っている人の写真を選んでもらって対比すると、「○○の人」のイメージがより明確になります。

3章の発想ツール1とも似ていますが、次のようなケースでは、こちらのほうが効果的です。

・ツールを使ってもらう対象者が中高年の男性など、想像を膨らませるのが苦手で、絵を描くことにも慣れていないグループ層の場合。

・イメージを明らかにすべき「人」が、自分から遠くて想像しにくい場合。たとえば、若い人に「入れ歯洗浄剤を使っている人」の絵を描いてと言っても、シニア層のライフスタイルや持ち物などが思い浮かばず苦労するでしょう。しかし、写真であれば、合いそうなものを探す過程で、潜在的に持っていたイメージが掘り起こされ、選ぶことができます。

・イメージが希薄すぎて、違いが見えにくい場合。例えば、「ユナイテッド航空を使う人」と「ノースウエスト航空を使う人」の違いを絵にするのは難しいですが、写真であれば、なんとなくでも選ぶことができます。

もうひとつは、シチュエーションのイメージを明らかにする場合です。「○○を使うのにふさわしい状況」「○○をしたくなるとき」といったテーマで写真を集めたり選んだりしてもらいますが、ここでも同じく、別の状況と対比することで、よりイメージが鮮明になります。

テーマに沿って写真をピックアップしてもらう方法には、大きく二種類あります。ひとつは、対象者自身が写真を探し、五～一〇枚程度選んで持ってきてもらう方法です。自分で撮った写真でも、雑誌やネット上で見つけた写真でも、何でもOKです。

もうひとつは、写真をこちらで用意しておいて、その中から選んでもらう方法です。テーマに沿って八〇～一五〇枚ぐらいの写真を準備しておき、壁に貼り出すなど、ひと目で見えるようにすることが大切です。対象者に負担をかけませんし、すでに仮説を持っていてそれを検証する場合に有効な方法です。詳しくは**図1-6**を参照してください。

いずれの場合でも、その写真の「どこに注目して」選んだか、だけを聞きます（顔の表情や服装、色や雰囲気、などなど）。そこから、どういうイメージを抱いているのかを解釈していきます。けっして、「なぜ」この写真を選んだのか聞いてはいけません。人は理由を聞かれると論理的に答えようとするので、表面的なイメージしか出てこなくなってしまいます。理由は、担当者が写真から読み取るのです。

なお、自分で行う場合は、できるかぎり消費者になりきって、写真を選ぶようにしましょう。余計なことを考えず、純粋に写真を選びます。そのあとでモードを切り替え、担当者として写真が持つ意味を解釈していきます。写真選びと解釈を同時に行わないで

図1-6 写真の集めてもらい方、写真の準備の仕方

対象者に写真を持ってきてもらう場合

およそ1週間から10日前に、対象者に写真集めのお願いをします。次ページで取り上げる缶コーヒーの課題であれば、次のようにお願いします。

「"缶コーヒーの愛飲者"のイメージに合う写真を5～10枚持ってきてください。人物そのもののほか、その人が持っていそうなもの、小物、ファッション、乗っていそうなクルマ、住んでいる家やインテリア、趣味など、その人のイメージに合うものなら何でも結構です。写真は、雑誌や新聞の切り抜き、自分で撮った写真、インターネット上で見つけた写真などから集めてきてください」

予め写真を準備しておいて、その中から選んでもらう場合

テーマに合わせて、だいたい80～150枚ぐらいの写真を用意します。ケースに挙げたテーマなら、次のようなジャンルの写真を用意します。

・**愛飲者イメージ**：老若男女をカバーしたうえで、オフィス系とガテン系、都会人と田舎の人など、幅広くバリエーションを持たせます。

仮説として詳しく知りたいエリアは特に細かく用意します。例えば、ビジネスマンの中で掘り下げたいなら、営業と研究、堅めの会社と柔らかめの会社などのほか、プレゼンしているエグゼクティブ、公園で休んでいる中年サラリーマンなど、特徴がはっきりしている写真を用意します。性格や態度もわかるよう、笑っている、疲れているなど表情にもバリエーションを持たせます。

人物像がわかる「モノ」の写真も用意します。ファッション、家、インテリア、クルマ、時計や化粧品、趣味（ゴルフ用品、海、山、釣り、カメラなど）、ペット（犬や猫）など。クルマでいえば、スポーツカーからファミリーカー、小型国産車から大型輸入車まで、いろいろ用意しておきます。

・**シチュエーションイメージ**：缶コーヒー／コーヒーを飲むシチュエーションを、常識にとらわれずに、できるだけ幅広く用意しておきます。例えば、オフィスでもデスクと会議室、ひとりと複数（男ばかり、男女のグループ、カップルなど）。雪山やサーフィン、アウトドア、砂漠など特殊な状況も用意します。そこから、いろいろな潜在イメージを引き出せる場合があるからです。逆に日常的な写真では、あくびをするようなつまらない会議、休日の解放感あふれる表情、趣味に没頭している写真など、心理的な要素が読み取りやすい写真を用意します。

ください。

ケース
CASE

缶コーヒーを飲む人、飲むときのシチュエーション

課題は、缶コーヒーの売上げ増です。スターバックスなどのカフェは女性客であふれていますが、缶コーヒーのユーザーは圧倒的に男性が多い。そして飲用オケージョンは、最近モーニングコーヒーオケージョンが開発されたとはいえ、仕事中の午後がほとんどです。

そこで、このツールを使って、缶コーヒーのユーザーと飲用オケージョンのイメージを把握し、拡大の余地があるかどうかを検討しようというわけです。

まず、「缶コーヒーの愛飲者」のイメージに合う写真を選びます。次に「缶コーヒーを飲むのにぴったりくる場面」の写真を選びます。対比させるテーマとしては、缶コーヒーではないコーヒーの愛飲者、飲む場面の写真を選んでもらいましょう。

図1-7は、三〇代の女性Kさんに選んでもらった写真と、そのコメントです。

図1-7　缶コーヒーのイメージ

①「缶コーヒーの愛飲者」のイメージ

――人物としては、大工の棟梁や工事現場の作業員、宅配便の運転手、サラリーマンでもかなり体力を使う外回りの営業マンなど。年齢は三〇～四〇代あたりの男性。

――手には、大きな紙袋。ゴールド色の時計とかネックレスが好き。

――ランチは、牛丼やラーメンに餃子など、手軽でボリュームのあるものを食べる。ガツンとこないと食べた気がしない人。クルマは国産車。安くても走りが楽しめる。

②「缶コーヒーを飲む」のにぴったりくる場面イメージ

――営業マンが汗を拭きながら、道端や駅のホームで飲んでいる。トラックの運転手が高速道路のパーキングエリアで。工事現場の休憩時間に、男たちが集まって飲んでいる。いずれも、働いている途中か、ちょっとした休憩時間に飲んでいる。

次に、コーヒー（缶コーヒーではない）のイメージに合う写真と、コメントです（**図1-8**）。

①「コーヒー（缶コーヒーではない）の愛飲者」のイメージに合う写真

図1-8　コーヒーのイメージ

――スーツを着た女性。キャリア系。年齢は、二〇代後半から三〇代前半。仕事はできるが、身体を酷使気味。外回り中にスタバに寄ることが多い。

②「コーヒー（缶コーヒーではない）を飲む」のにぴったりくる場面イメージの写真

――平日。仕事の合間。完全にリラックスするのではなく、また仕事を始める態勢のブレイクで。打ち合わせをしながら。休憩といいつつ、なんとなく仕事のことを考えている感じ。

Kさんの場合、コーヒーはいずれも「仕事」「オン」のイメージがあることがわかりました。コーヒーを飲んだときの苦味や香り、カフェインの目が覚める効果が影響しているようです。

それでも、缶コーヒーと（カフェで飲む）コーヒーのイメージは大きく異なります。缶コーヒーの愛飲者イメージは完全に中年男性で、シチュエーションも肉体労働系の仕事の合間や休憩時間というイメージですが、カフェでのコーヒー愛飲者イメージはキャリア系の女性で、会議や打ち合わせの合間に飲むシチュエーションが連想されています。

ここからいえることは、現在のままでは、缶コーヒーのユーザーを女性に拡大することはおろか、男性でも限界がありそうだということです。女性にも受け入れられる、洗練されたイメージに変える必要がありますが、かといって、優しくてフェミニン、午後のゆったりした時間に飲む、とまでいってしまうと無理があります。それは紅茶のイメージでしょう。

缶コーヒーのイメージが強すぎるのであれば、いっそ新しい商品ラインを用意したほうが効果的かもしれません。カフェのテイクアウトをイメージした、プラスチックカップのコーヒーなどは、まさにそれです。女性がオフィスで飲んでいても違和感がなく、缶コーヒーにはない女性的で洗練されたイメージをまとうことに成功したといえます。

そして缶コーヒーのほうは、「ブラック（無糖）」を出すなどして、逆に男性イメージを強化。缶コーヒーの男のイメージを気に入って飲んでくれている愛飲者に、さらに頻繁に飲んでもらうという戦略をとることもできます。

chapter

2

キーインサイトの仮説をつくろう

1章では、さまざまな投影法を使って消費者のホンネを探り出してきました。発見の数は多ければ多いほどいいのですが、そのすべてをマーケティング活動に活用できるわけではありません。これらはいわば、インサイトの「候補」です。戦略を立て、マーケティング活動を実施するときには、最も重要なホンネを特定しなければなりません。数ある発見の中から「選ぶ」場合もあれば、共通する本質的な気持ちを「抽出する」場合もあります。

仮説ツールでは、消費者のホンネについての発見をもとに、キーインサイトの仮説をつくり出します。キーインサイトとは、マーケティングで最も「使える」インサイトのことです。

- その気持ちを突かれると思わずその商品を欲しくなる、選んでしまうような、ホットボタンかどうか。これは、売上げを増加させるために欠かせないポイントです。
- 新しい発見かどうか。他のブランドがまだとらえていないもので、しかもチームメンバーが聞いたとき、「へー、そうなんだ」という発見があるかどうか。これは、チームのモチベーションを上げられるかどうか、組織の力を結集する旗印となるかどうかにかかわります。
- 担当するブランドに最も当てはまるインサイトかどうか。競合ブランドのほうがふさわしい場合、それはキーインサイトとしては「使えません」。日本のミネラルウォーターに「フランスの水がおしゃれ」という気持ちを生かすのは厳しいでしょう。
- 実現可能なインサイトかどうか。そのインサイトをとらえることが現実的に可能かどうか。「炊きたてのゴハンがおいしい」という気持ちを発見しても、シリアルには生かせません。

・そのインサイトが刺激となって、プロモーション部門や営業部門など、関係部署でさまざまな施策案が広がるかどうか。これも、組織の力を結集するうえで非常に大切なポイントです。人は自分で考え出した案には、思い入れを持って熱心に取り組むものだからです。

いずれの場合も、消費者からの視点を忘れないようにしてください。ホンネを発見する段階ではターゲットになりきっていたのに、仮説をつくろうとしたとたん、評論家に豹変したり、企業の論理で考えるようになったりする人が多いからです。

では、仮説ツールを使って、キーインサイトの仮説をつくってみましょう。

仮説ツール 1

シミュレーションゲーム

消費者のホンネについて仮説を持つには、まず何よりも、ターゲットになりきることが大切です。ターゲットになりきるとは、「この商品を選んでいるのは、こういう理由からに違いない」といった理性的な分析ではありませんし、「こういうことに関心が高いといわれている」といった、メディアで得た知識をもとにした想像でもありません。もっと実感を伴った感情を思い浮かべる方法を紹介しましょう。

普段からいろいろな人と話す。「ナマ」の情報を仕入れる。そういう機会を大事にする

自分と縁が遠いと思う世代の人とできるだけ話をする機会をつくりましょう。自分に子供がいなければ、甥っ子や姪っ子、友達の子供と話してみます。普段からナマの声を仕入れておくと、いろいろな発見が得られますし、メディアで得た情報を解釈するときにも役に立ちます。

ターゲットがしていることと同じことをしてみる。真似してみる

かつて、娘と父親の身体が入れ替わってしまうというテレビドラマがありましたが、娘になりきって演技を続けた舘ひろしが、女子高生の女の子の気持ちがわかる気がしてきた、と言っていました。行動を真似していると、だんだん気持ちまでわかってくるようになります。

シニアの気持ちを実感したければ、腰を曲げて歩いてみます。「どっこいしょ」と言って座ってみます。固い食べ物を歯茎でもぐもぐ食べてみます。探りたいインサイトの領域にもよりますが、少しでも実践してみることで、気持ちや感情を実感として持てるようになります。

ターゲットが集まっているところに行ってみる

例えば、二〇代のインサイトを知りたければ、ヴィレッジヴァンガードという雑貨屋のような本屋さんに行ってみると、発見がいっぱいあること請け合いです。並んでいる本を立ち読みしながら、二〇代がどんな本を手にとって、どんなことを話しているかに聞き耳を立てます。カップルの会話からも、部屋に置く小物をどういう基準で選んでいるか、どちらが主導権を持って選んでいるかなどがわかったりして、ためになる情報が満載です。

相手の立場になって考える

こういう話をすると、相手はどう感じるだろうか？　相手が乗り気になるのは、どういう話を聞いたときだろうか？　日常生活で使っているコミュニケーションの基本は、インサイトの仮説づくりにも応用できます。ここでは、会話そのものをシミュレーションしてみましょう。

例えば、二〇代の男の子になりきった自分に、同世代の若い男女で賑わっているカフェについての印象を聞くという設定で考えてみます。どういう答えが返ってくるか、男の子になりきって答えてみる。それに対して、さらに突っ込む。しばらく架空の会話を続けてみてください。

「なんで、あのカフェがお気に入りなの？」

「あそこのカフェめし、おいしいから」

「ほんと？　毎回ごはんを食べてるわけじゃないよね？　ほかに何か気に入っているところがあるんじゃないの？」

「そうだなー、雰囲気がオシャレだからかなあ」

「あのあたりにはオシャレなカフェ、たくさんあるじゃない。ほかとは何が違うの？」

「オシャレなんだけど、カッコつけてないところがいいんだよね。気がラクっていうか」

「ふーん。あんまり、力が入った感じは好きじゃないの？」

「ビシッとしすぎてると、緊張するっていうか、落ち着かないんだよね」

「それって、よくみんなが言う『ゆるい』のがいいってやつ？　最近、雑誌とかでも『ゆるい』って言葉がよく出てくるよね」

このように会話をシミュレーションしていると、ターゲットの気持ちから外れた答えを出したときに「今のは、二〇代の男の子は言わなさそう」などと、直感が働きやすくなります。

会話は、ホンネを掘り下げるのにも向いています。「カフェめしがおいしい」という答えに対し、「ドリンクしか頼んでいない人のほうが多い」というデータがあれば、ほかに理由がないかを聞きます。「オシャレなのがいい」と聞いて、どういうオシャレさがいいのかを掘り下げます。そこから、「ゆるい感じのオシャレが好き」というインサイトの仮説をつくり出すわけです。

ターゲットをとりまく環境を自分のことのようにインプットし、実感が持てるようにする

例えば、ターゲットが二〇代男性だったとして、彼らについての情報を、自分のことのようにインプットしていきます。

まず、どんな社会環境で育ってきたか。二〇〇八年現在、二五歳の男性を想定すると、生まれ年は一九八三年。小学校に入学した頃にバブルが崩壊し、日本経済は下降線をたどります。物心ついてから、株価も世界の中での地位もずっと右肩下がり、将来に向けてのニュースも暗いことばかり。こうした情報を、自分のことのようにシミュレーショ

ンします。すると、「日本の将来はやばい」「自分で自分の身は守らなきゃ」という気持ちに自然となるでしょう。

そのうえで、今の二〇代は老後のために貯蓄をしているというデータを見ると、別に何かをするためではなく、「お金がないと不安。何があるかわからないから」という気持ちから貯蓄していることが実感として解釈できます。よくありがちなのは、「彼らはバブル世代より堅実志向」といった、いかにも客観的な分析。しかしターゲットから見ると的外れで、「僕らはそんな気持ちでやっているわけじゃない」と言われてしまうわけです。

逆にいえば、ターゲットの実感を伴ったインサイトの仮説を導き出せれば、そこからさまざまなマーケティング・プランが生まれます。評論家的な冷めた見方をするのではなく、ターゲットが何を楽しいと感じ、何を不安に感じているか、感性を共有することを目標にしましょう。

仮説ツール 2

中心を探す。中心をつくる。タイトルをつける

ターゲットになりきって、関心事や望み、心配事などの気持ちを、片っぱしから出していきます。大きめのポストイットに、太いマジックペンで書き留めて、バンバン壁に貼っていきます。ある程度出てから全体を見渡すと、それが刺激となって新しい関心事が見つかったり、「こういうことに関心があるのは、こういう気持ちがあるからだ」と掘り下げられたりします。

似た領域のものが出てきたら、ポストイットを移動させて一箇所に集め、丸でくくってタイトルをつけます。これがそのままインサイトの仮説になる場合もありますし、仮説の種になることもあります。大切なのは、共通項を示すような抽象的な言葉ではなく、人の興味をひくキーワードをつけることです。ちょうど、新聞記事に「見出し」をつけ

る気分でしょうか。
大きくは、次の二つの方法があります。

グルーピングの中で、中心に来る気持ちを探す

グルーピングしたターゲットの気持ちを見渡して、中心に来る気持ちを探し出す方法です。貼り出された気持ちには、おおもとになるものと、そこから派生したものや表層的なものがあります。すべての気持ちにつながるような根源的な気持ちがあれば、それを「見出し」にしてもいいですし、ほかの気持ちにつながるように、書き直します。

グルーピングしたポストイットを見渡して、中心をつくる

中心にくる気持ちが見つからなければ、中心をつくります。ポストイットを見渡し、なぜそういう気持ちが起きるのかを探っていきます。これもあれも、もとをただせばこういう気持ちから来ているのではないか、と仮説を立てるわけです。多くの気持ちに結びつく根本的な気持ちが、このグループの中心に来る「見出し」です。しかし、概念的、抽象的な「まとめ」になってしまわないように。エッセンスを「抽出」してつくること

を意識してください。

いずれの場合でも、その「見出し」が的を射ているかどうかをチェックする方法があります。ひとつは、その「見出し」がグループ内のいろいろな気持ちと結びついているかどうか。その「見出し」からいろいろな気持ちが派生していると説明できるかどうか。もうひとつは、その「見出し」に新しい発見や視点が入っているかどうかです。ひと目でもっと話を聞きたくなるような、興味をひく内容になっているかどうかです。

ケース
CASE

シニア男性の気持ちを考える

シニアの男性を例に、この仮説ツールを使ってみましょう。シニアといっても幅広いので、リタイア直後の六〇歳代前半ぐらいを想定してみましょう。

まず、シニアになりきって、何を思っているか、感じているかランダムに出します。「健康」や「趣味」のような広い関心レベル、もう少し具体的な「健康食品に凝っている」「写真の趣味の会に参加して、いつかは作品集をつくりたい」といったレベル、「(薬と違って、健康食品は、）前向きな気持ちになれるから好き」とか「自分の証を何か残したい（から、写真集をつくりたい）」といったレベルまで、いろいろ混ざっていてもかまいません。

いずれにせよ、具体的にイメージできるシーンや、「ナマ」に近い感覚や感情を出すことが大切です。たとえば、「孫に関心がある」といった領域から、いろいろな気持ちを出していきます。

「孫に会いたい」

「孫に会うためには、息子（娘）夫婦が連れて来やすいようにしよう」

「孫に会うのは、実は、嫁（夫）側の両親との取り合いだ」

「孫には何でも買ってあげたいが、息子（娘）が怒るので、孫のためになるものを選ぶ」

「孫と一緒に写っている写真は、宝もの」などなど。

これらをグルーピングして、中心に来るものは何かを考えていきます（**図2-1**）。

あるいは、新たな中心をつくることも考えられます。

「孫に会いたい」のだけれども、「なかなか、こちらから会いに押しかけにくい。息子（娘）夫婦に迷惑をかけるようで、気が引ける」という気持ちがある。その場合であれば、「孫

図2-1　グルーピングする

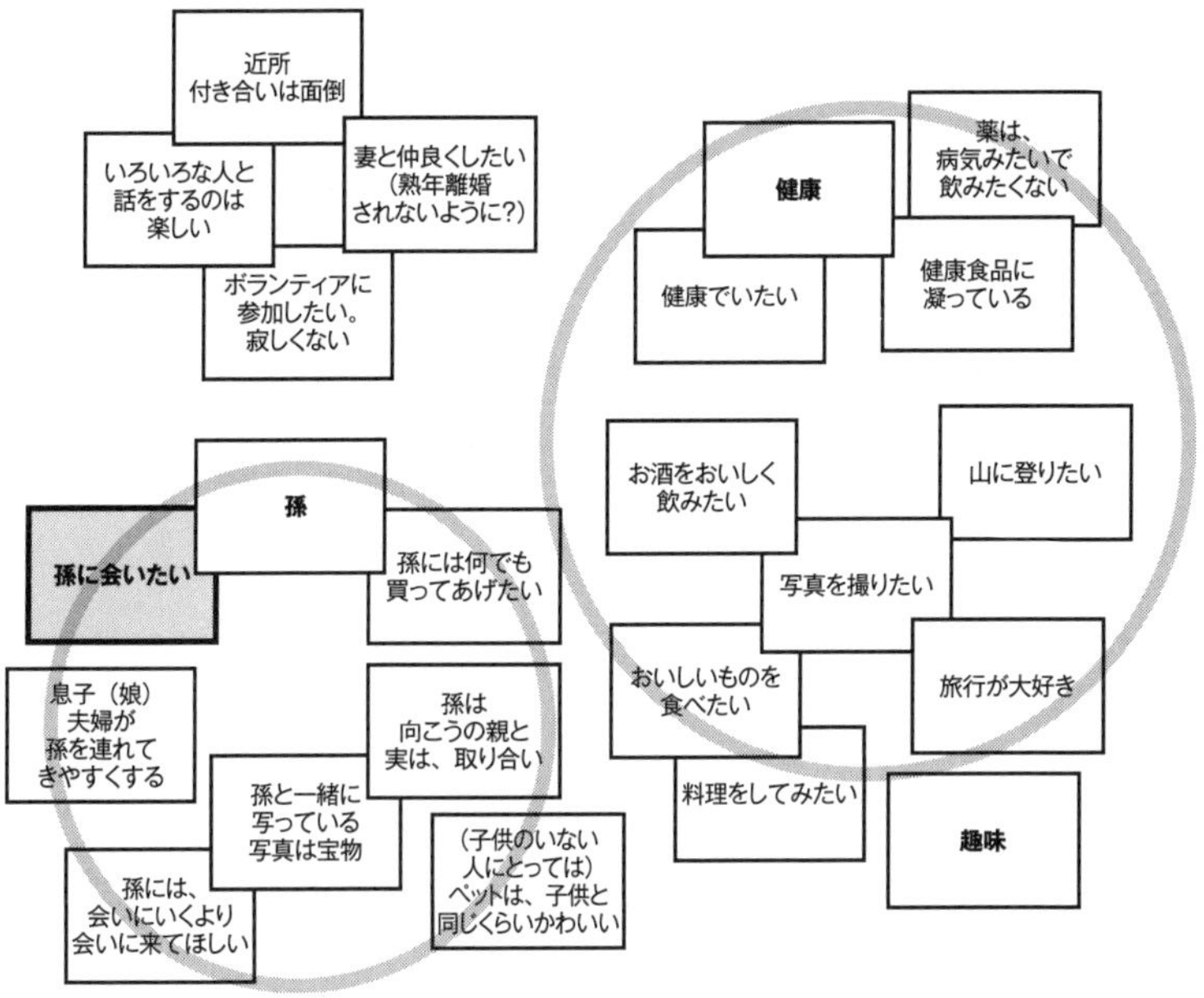
近所
付き合いは面倒
いろいろな人と
話をするのは
楽しい
妻と仲良くしたい
（熟年離婚
されないように?）
ボランティアに
参加したい。
寂しくない
健康
薬は、
病気みたいで
飲みたくない
健康でいたい
健康食品に
凝っている
孫
孫に会いたい
孫には何でも
買ってあげたい
お酒をおいしく
飲みたい
山に登りたい
写真を撮りたい
おいしいものを
食べたい
旅行が大好き
息子（娘）
夫婦が
孫を連れて
きやすくする
孫は
向こうの親と
実は、取り合い
孫と一緒に
写っている
写真は宝物
料理をしてみたい
趣味
（子供のいない
人にとっては）
ペットは、子供と
同じくらいかわいい
孫には、
会いにいくより
会いに来てほしい

に、田舎の家に遊びに来てもらいたい（孫を呼び寄せたい）」という気持ちが根底にあるのではないか、と新たに中心をつくることになります。

「孫を呼び寄せたいから、息子（娘）夫婦が来やすいようにする」

「孫を呼び寄せたいから、プレゼントを買う」

このほうが、他の気持ちの中心にくる根本的な気持ちを的確に表しているかもしれません。

また、気持ちを出していくうちに、他のくくりと重なってくることもあります。例えば、シニア男性の気持ちには、次のような気持ちがありま

図2-2　新たな中心をつくる

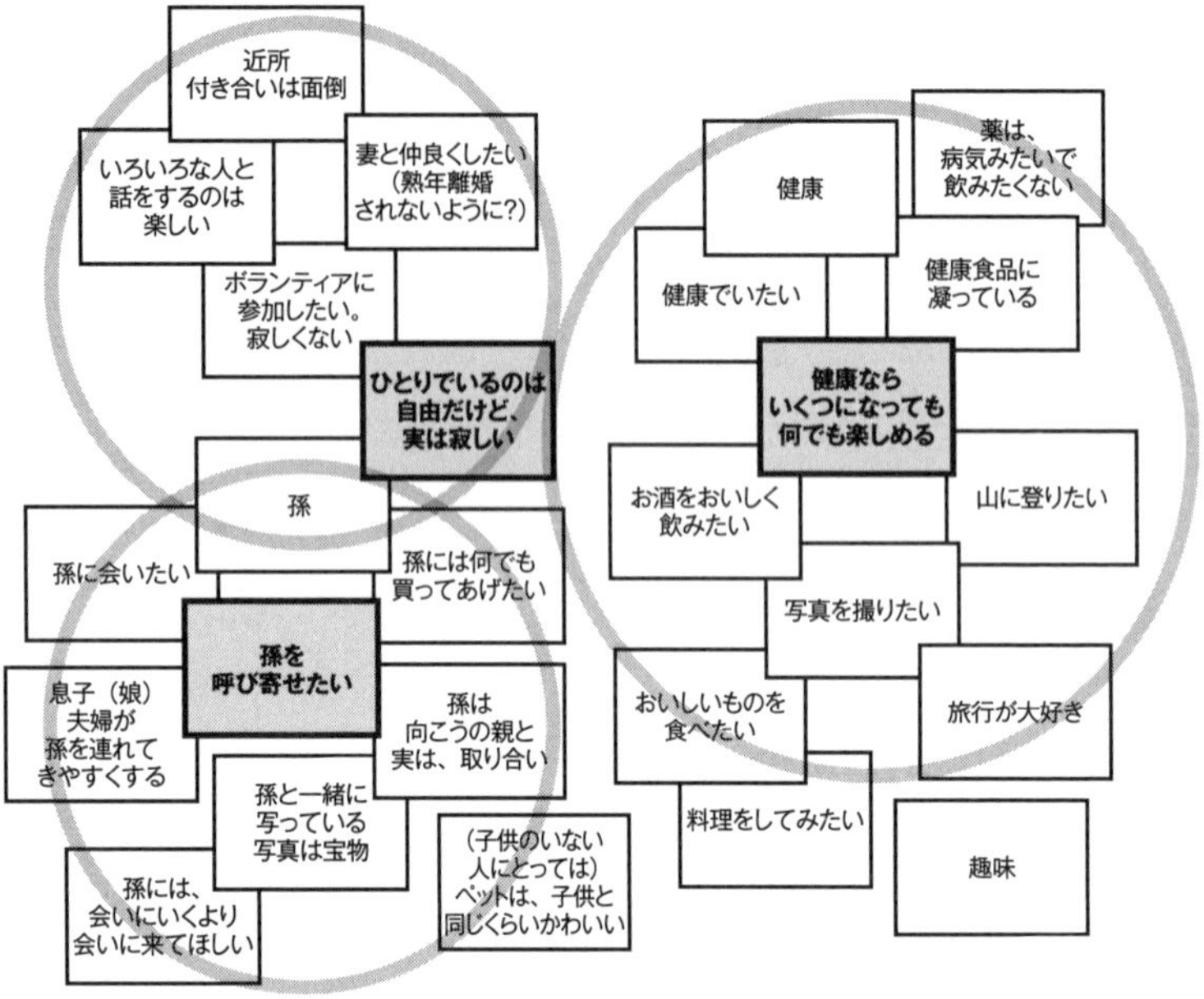
近所
付き合いは面倒
いろいろな人と
話をするのは
楽しい
妻と仲良くしたい
（熟年離婚
されないように?）
ボランティアに
参加したい。
寂しくない
ひとりでいるのは
自由だけど、
実は寂しい
孫
孫に会いたい
孫には何でも
買ってあげたい
孫を
呼び寄せたい
息子（娘）
夫婦が
孫を連れて
きやすくする
孫は
向こうの親と
実は、取り合い
孫と一緒に
写っている
写真は宝物
孫には、
会いにいくより
会いに来てほしい
（子供のいない
人にとっては）
ペットは、子供と
同じくらいかわいい
健康
薬は、
病気みたいで
飲みたくない
健康でいたい
健康食品に
凝っている
健康なら
いくつになっても
何でも楽しめる
お酒をおいしく
飲みたい
山に登りたい
写真を撮りたい
おいしいものを
食べたい
旅行が大好き
料理をしてみたい
趣味

す。

「近所付き合いは面倒だけど、いろいろな人と話したり出かけたりするのは楽しい」

「ボランティアに参加すると、人と会えて寂しくない」

「妻にすり寄るのはイヤだけど、熟年離婚されないよう妻とも仲良くしたい」などなど。

これらと「孫に会いたい」気持ちもひとつにくくって、「ひとりでいるのは自由でいいと言いながら、実は寂しい」というように見出しをつけることもできます（**図2-2**）。

これらは、すべてキーインサイトの仮説となります。最終的なキーインサイトは、3章でお話しするプロポジションとの関係で決めることになります。この段階では、以下の点に注意してください。

①「孫」「健康」「趣味」といった関心領域のラベルをつけても意味がありません。どういう気持ちかという実感があり、新しい発見があるように「見出し」をつけます。

②抽象的な言葉で、くくらないこと。「まるめない」こと。「まるめる」とターゲットの実感から離れて、評論的になってしまいます。

例えば、「孫に会いたい」ではなく「孫は、自分が生きてきたことを再認識させてくれる存在」としてしまったり、「孫」という具体性をなくして「自分のこと以外に、生きがいを求める」としてしまったり。そのほうが戦略的な香りがしますし、コンセプトっぽい雰囲気が出るため、ついやってしまいがちですが、こういうまとめは、「使えません」。抽象的なインサイトからは、抽象的なプロポジションしか生まれず、ありきたりな解決案しか導き出せないからです。

また、管理職になればなるほど、上位概念から俯瞰して見るクセがついているので、こうした罠にはまりやすい傾向にあります。若手社員やマーケティングの教育をあまり受けていない人のほうが、素直にターゲットの気持ちを出したり、中心を見つけたりしやすいともいえるので、管理職の方はご注意下さい。

③抽象的な概念にとどまっている場合は、具体化するために、掘り下げていきます。

シニアの例で言うと、「健康でいたい」では、抽象的すぎて新しい発見がありません。もっと具体的な気持ちを出してみます。

「お酒をおいしく飲みたいから、健康でいたい」

「お酒がおいしいかどうかが、健康のバロメーター」

「健康食品に凝っているのは、薬に頼りたくないから」

「健康でいられれば、いくつになっても山に登れる。好きなことができる」などなど。

すると、シニアは「まだまだ人生はこれから。前向きに楽しみたい」と思っていて、健康についても具体的な気持ちを抱いていることがわかってきます。そこから、「健康なら、いくつになっても何でも楽しめる」「これからが人生なのだから、健康でいたい」といった見出しが考えられるでしょう。

仮説ツール 3
心の葛藤にチャンスあり

インサイトは、「○○したいけど、××だからできない」といった、満たされない心理的な葛藤の中に潜んでいることもあります。

心の葛藤は、言い換えれば、潜在的な欲求やニーズですから、きちんととらえられればキーインサイトになりえます。

また、そうした実感を伴った気持ちを満たす提案がプロポジションですから、ターゲットがそれに魅力を感じ、心を動かされる可能性は大きいといえます。

特に、商品開発や新製品の開発に使うインサイトは、潜在的なニーズや欲求であることが多いので、この心の葛藤探しは、かなり有望なツールになります。

ケース
CASE

ティーン向けの栄養補助食品

ティーンを例に、この「葛藤」ツールを使ってみましょう。課題は、ティーン向けの栄養補助食品を新たに開発、あるいはティーン向けにプロモーションを実施しようというものです。栄養補助食品には、すでにカロリーメイトやソイジョイ、シリアルを素材にした製品などがあります。いずれも、ＯＬや若いサラリーマンの朝食や間食を想定しており、特にティーンをターゲットにしたものではありません。そこで、今回はティーンをターゲットにして、新たに食べてもらおうというわけです。

しかし、ティーンは、栄養なんぞには、ほとんど関心がありません。食事は母親が準備してくれますし、お菓子やスナックであれば、友達の間で話題になっているような商品がコンビニにいっぱい並んでいます。小腹が空いたときには、肉まんやソフトクリームもあります。どうも、栄養があるという商品特徴だけでは、ティーンは目を向けてくれなさそうです。そこで、ティーンが思わず欲しくなるような心のホットボタンを探し出そうというわけです。

まずは、仮説ツール1を使って、ティーンになりきります。中学生か高校生か、男子か女子か、具体的にシミュレーションできるよう、ターゲットを絞り込みます。いったん絞ってインサイトの仮説を立ててから、その気持ちを他の性別や年齢層でも持っていることがわかれば、ターゲットを広げていくこともできます。

ここでは、女子中高生になって、気持ちをどんどん出してみましょう。

「カワイイのが、いちばん」

「モテたい」

「友達と分けたり、話したりできるものがいい」

では、かわいくなるために、どんなことをしているか？

「ニキビができないように、お肌のお手入れしている」

「やせたい。かわいくなろうと思ったら、まずやせること」

あるいは、かわいくなりたいのに、反対のことをしていないか？

「お腹が空くと、ついつい甘いものを食べてしまう」

「ニキビになるのに、夜更かししてしまう」といった感じで掘り下げていきます。

一般的な印象だけでなく、女子中高生がどんなことに関心や不安があるかを、シミュレーションしてみましょう。

「部活でもっとがんばりたい」

「成績をもっとよくしたい」などなど。

メディアが興味本位で取り上げる、特殊な「渋谷人」だけにとらわれてはいけません。大多数の女子中高生は、部活や学業の成績に、一喜一憂しています。でも、まだこれだけだと関心領域を出しただけにとどまっています。

そこで、「心の葛藤」に注目します。このツールの利点は、ターゲットの気持ちを掘り下げられること、ターゲットの潜在的なニーズにつながるため、欲しいと思わせられる力のあるインサイトを見つけられる可能性が高いこと、などが挙げられます。

「ダイエットしたいが、お菓子は大好き」

「マイクロダイエットは効果がありそうだけど、高すぎる。ティーンにも買えるダイエットフードはないの？」

「甘いものを食べると、ニキビが出てしまう。ニキビが出ない甘いものが欲しい」

「塾に行く前にお腹が空くからスナックを食べるんだけど、眠くなってしまう」

「試験勉強しなくてはならないが、集中できない。集中力が増すスナックとか、ないかなあ」

「親兄弟みんな背が低いけど、私はもっと背が高くなりたい」

「部活でレギュラーになりたいけど、いまいち根性が出ない」などなど。

心の葛藤を探していくと、実感を伴った気持ちがいくつも見つかります。

仮説ツール 4

ひとりワークショップ

インサイトの仮説を出すときは、できるだけたくさんの人の話を聞くことが大事です。仕事関係者、その家族や友人、知人をたどれば、たいていのターゲットには行き着くはずです。また、業界は違っても同じターゲットに取り組んでいる人がいれば、参考になります。

ターゲットになりきるときも、プロジェクトチーム全員でやるほうが、ひとりでやるより、さまざまな視点や発想を持てます。たくさんのメンバーの力を引き出すのが大切です。若手であろうが、経験がないスタッフであろうが、関係ありません。気持ちを出す段階では、いろんな視点や発想があればあるほどいいのです。

しかし、ひとりで仮説を立てなければならないときもあります。そういうときでも、実はブレーンストーミングやワークショップのスタイルをとることができます。

自分の出した視点や意見に対して、新しい意見を出す。いろいろな立場のターゲットになってみて、シミュレーションし、さまざまな視点から気持ちを出していく。ここでも、ポストイットに書き出していくことが重要です。人の脳は、外部からの刺激に反応することが得意です。書き出されたポストイットの情報は、たとえ自分が考えたものであっても、新たな刺激として返ってくるので、視点が広がりやすくなります。ですから、文字は大きめにして、複数のポストイットを同時に見渡せるようにすることが大切です。

新しい視点や発見は、いろいろな要素の組み合わせによって生まれます。ジェームス・ウエブ・ヤングも、名著『アイデアのつくり方』の中で、「アイデアとは、既存の要素の新しい組み合わせ」と言っていますが、それに通じるものです。ですから、なるべくさまざまな要素を、同時に見渡せる環境をつくってください。

そういう意味では、パソコンでの作業は限界があります。画面が小さいというのが致命的で、スクロールしないと全体が見渡せないのでは、意味がありません。ひとりのときでも、大きめのテーブルか、壁にポストイットを貼り出しましょう。

詳しくは第2部でワークショップのやり方をお話ししますのでそちらをご覧ください。

仮説ツール 5

日常の出来事から、仮説力を鍛える

ヒットしている商品がとらえているインサイトは何か？　話題になっているブランドが突いているインサイトは何か？　世の中の成功例からさかのぼってインサイトを見つける訓練をします。

人が集まっているイベントに接して、流行っている映画を見て、選挙の結果を見て、売れそうと感じた商品を前に、話題になっているテレビCMを見て……。実にさまざまなことが、インサイトを見つける勉強になります。教材は、私たちのまわりにあふれています。

人が何かをするとき、行動するとき、必ず潜在的になんらかの意識が働いているのですから、人の行動がすべて教材になるともいえます。でも、あくまで楽しんでやるのが、コツです。インサイトは理詰めで考えて見つかるものではありませんし、仕事気分では新しい視点もなかなか出てこないからです。

一時的な流行を追うのではなく、大きな時代の潮流をとらえることは、ビジネスに大きな成功をもたらします。その意味では、流行の底辺に流れている気持ちを見つけられれば、それが他のカテゴリー（商品ジャンル）で得た発見であっても、自分が担当しているカテゴリーに当てはめることができます。

大切なのは、「なぜ、売れているのか?」「なぜ、集客できたのか?」というように、企業側から理由を分析しないことです。理由を追求していくと、どうしても論理的な答えに偏りがちですし、何よりマーケティング活動の4P（Product, Price, Place, Promotion）の分析になりがちです。それでは、いつまでたっても買ってくれた消費者の気持ちに行き着きません。

そこで、このツールでも、シミュレーション力を思い切り発揮しましょう。成功しているモノやコトのターゲットになりきって、どのような魅力を感じているのか、何が好きなのかを考えていくわけです。質問の例を挙げておきますのでご参考まで（**表2-1**）。

表2-1　仮説を引き出す質問

企業側として考える質問	（例）
人々から受け入れられているモノやコトは何か？ 商品名、ブランド名、店舗名、映画のタイトル、イベントのタイトル、など	ニンテンドーWii
そのモノやコトは、何をアピールしているか？ 客観的な事実として、何をいっているか？ 何を売りにしているか？	身体を使って家族で遊ぶ
ターゲットになりきって考える質問	**（例）**
誰が、このモノやコトを買ったり、使ったりしているか？ このモノやコトに最も魅力を感じているのは誰か	（今までテレビゲームをしなかった）お母さん
その人々は、このモノやコトの、どういうところに魅力を感じているのか？ 機能的な魅力は何か？　心理的な魅力は何か？	身体を動かすから健康的だし、みんなで遊ぶから、家族が集まれる。（ゲームのイメージがガラッと変わった）
それを魅力に感じるのは、どういう気持ちからか？ どういう夢や願望、不安や心配があるからか？ それとも、自分はどういう人と自分で思いたいか？ あるいは、人からどう見られたいか？	今までのゲームはオタク。閉じこもるから子供にはやらせたくないし、自分もしたいとは思わなかった

普段の生活の中で、少しずつトレーニングをしていけば、習慣になってきますので、いつでも消費者になりきって考えられるようになります。

chapter

3

インサイトからプロポジションを発想しよう

インサイトを見つけ出したら、そのターゲットが思わず動く、心のホットボタンを押す戦略的な提案を考え出します。それが、プロポジションです。

プロポジションは企業側からの戦略的な提案であり、主張です。広告コピーのように、そのまま世の中に出ていくものではありませんが、外に出ていく商品や広告を開発するもとになる、基本的な考え方です。

インサイトは、プロポジションという解決策を出して、はじめて意味を持ちます。逆にいえば、インサイトがどんなに新しい視点を持っていても、プロポジションにつながらなければ意味がありません。実際の具体的なマーケティング活動に落ちていかないからです。

逆に、インサイトなしでプロポジションだけを生み出した場合、一見おもしろい提案に見えたとしても、思いつきの域を出ない消費者不在のアイデアである可能性が高いのです。

インサイトとプロポジションは、どちらが欠けても成り立たないクルマの両輪のようなもので、ひとつのセットとなって戦略の核をなします。まずは、インサイトからプロポジションを発想するのですが、そのあとで、インサイトとプロポジションを行き来したりします。

インサイトには、二種類ある

インサイトには、ヒューマン・インサイトとカテゴリー・インサイトの二つがあります。

ヒューマン・インサイトというのは、すべての人、あるいは、ある世代の人が共通して持っている関心、気持ち、感情などのホットボタンです。このヒューマン・インサイトは、商品カテゴリーとは関係なく、存在します。

例えば、シニア世代でいえば、「孫」は世代に共通した関心事です。常に「孫に会いたい」という気持ちを持っていますし、もっと具体的なところでは、「孫に何かを買ってあげたい」だったり、「息子（娘）夫婦に、もっと孫を連れてきてほしい」だったり、します。そういう関心や気持ちを、インサイトとして使えるかどうかは、担当している商品やブランドが、その気持ちをとらえられるかどうかにかかっています。

カテゴリー・インサイトのほうは、消費者が、その商品カテゴリーに抱いている感情や気持ち、潜在ニーズなどです。あるいは、ある特定のブランドに対するパーセプション（認識）で、そのブランドを購入する動機になっている深層心理や、購入を阻害する心理的なバリアなどです。これらの中で、キーインサイトとなるのは、消費者を最も動かす力があるものです。

例えば、ビジネス書のカテゴリー・インサイトを取り上げてみると、「難しいことでも、おもしろく書いてあると読む気がする」とか、「わかりやすいのはいいけど、簡単すぎると今度は読んだ気がしない」といったものです。

ヒューマン・インサイトとカテゴリー・インサイトのどちらを活用するかは、抱えている課題によります。場合によっては、両方のインサイトを使うこともよくあります。新製品によってまったく新しい市場をつくるときは、ヒューマン・インサイトを主に活用します。ターゲットとなる世代の人々が抱いている気持ちや潜在ニーズを先に見つけ出し、それに新製品を結びつけるのです。

一方、すでに市場が出来上がっており、担当している商品やブランドがある程度のポジションを築いている場合は、主にカテゴリー・インサイトを使います。カテゴリー・インサイトは、ブランドイメージを修正したり、製品の改善を図ったりする場合に有効です。

発想ツール
1

ヒューマン・インサイトからの発想

では、ヒューマン・インサイトから、プロポジションを発想する方法をご紹介します。
まず、ターゲットはどんなことに関心があるか？　何をしているか？　を洗い出してみましょう。それを出したら、仮説ツール2を使って、各々をグルーピングし、名前（タイトル）をつけてみましょう。そして、それを見ながら、ヒューマン・インサイトを見つけ出すために、ターゲットの気持ちを、以下のような観点から掘り下げてみます。

・夢
・願望・ニーズ
・恐れ・不安

・セルフイメージ
・シチュエーション・ニーズ

少し補足説明をしておきましょう。

セルフイメージとは、「自分をどういう人と思いたいか？」「どういう人に見られたいか？」という気持ちです。「知的な人」「オシャレな人」などの形容詞で表せるパーソナリティイメージや「子供の教育に熱心な人」「仕事をバリバリこなす人」といった態度系のイメージなどがあります。

シチュエーション・ニーズとは、ある特定の状況で発生するニーズです。例えば、「試験勉強中は、夜も眠くならないでほしい」とか「お客さんに会うときは、さわやかな印象を与えたい」といったニーズです。

これらが出てきたら、キーインサイトを考えます。**図3-1**のテンプレートは、とても有用なツールになるはずです。と、同時に、その気持ちを、その商品は応援できるだろうか？　何かお手伝いができるだろうかと考えます。それが、プロポジションの原型になります。

図3-1　キーインサイトを考える

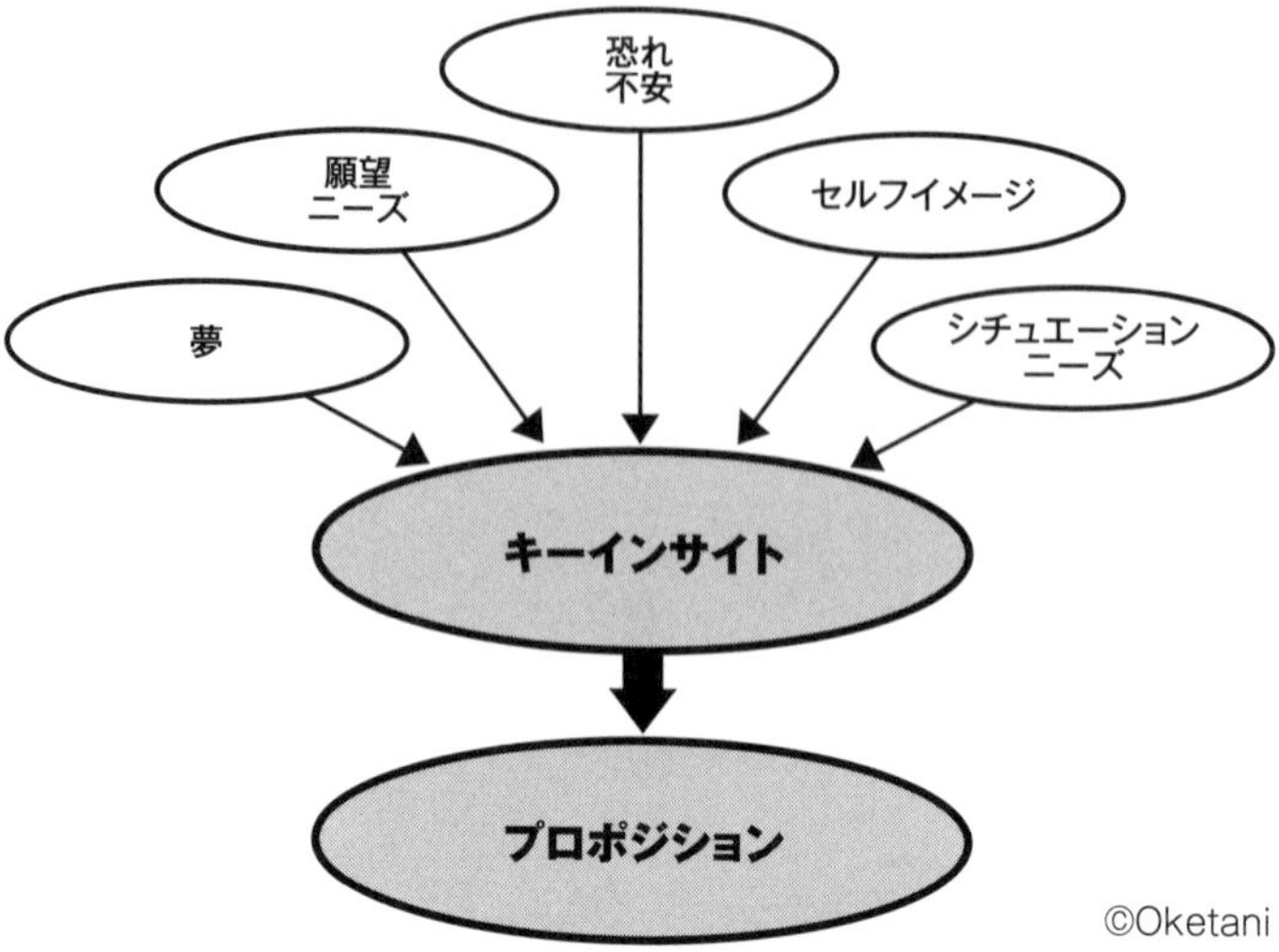

ここで、キーインサイトの候補は、いくつか出てきてもかまいません。どのホットボタンを、そのブランドや商品が最も押すことができそうかを、考えていけばいいのです。

また、同じインサイトから、複数のプロポジションが出てくることもあります。そのターゲットの気持ちをとらえるのに、こういう提案もできるし、こういうアイデアもありえるという場合です。これらも、すべてプロポジションの候補となります。そのうち、どれがいいかを判断するのは、あとでお話しする検証ツールを使って行います。

ケース
CASE

住宅リフォーム会社を、ヒューマン・インサイトから考える

ある住宅リフォーム会社を例に考えてみましょう。「自然素材」を使う点に強みがありますが、価格競争に巻き込まれ、**図3-2**に挙げたような課題を抱えています。

図3-2　ある住宅リフォーム会社の課題

■ 首都圏の中堅リフォーム会社

■ 主な私鉄沿線に営業所あり

■ 特徴：自然素材の使用

・床材は本物の木、壁紙も本物の洋紙や和紙を併用
・自然材の調達やその施工技術には実績がある
・ただし、化成材と比べると職人技が必要なため、工期が長めで価格も割高

■ 課題

・価格競争に巻き込まれ、単価が下がっている
・大手ほどの知名度や営業力はなく、かといって地元密着型の零細工務店でもない、中途半端な位置付け
・人々のインサイトをとらえて、値下げせずに売上げを伸ばしたい

インサイトという視点がまったくない場合、プロポジションはすべて、企業や商品の特徴から発想していくことになります。ありがちな考え方を出していくと、「自然素材」という特徴をとっかかりに、「ロハスな家」で売っていくというのはどうか、今っぽい流行り言葉を使えば付加価値をつけられるのではないか、となる

図3-3　作り手からの発想（企業、ブランド、製品など）

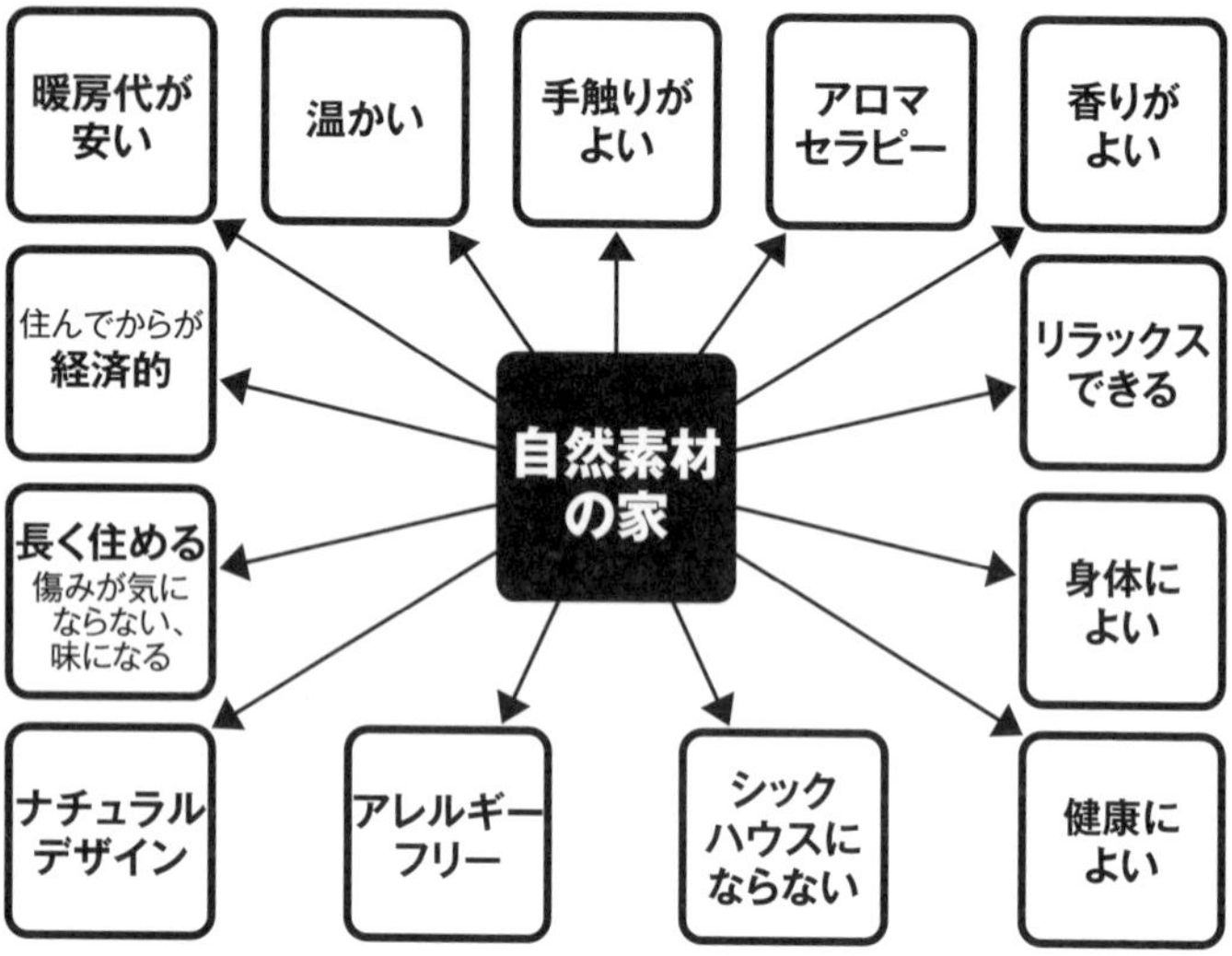
自然素材の家
暖房代が安い
温かい
手触りがよい
アロマセラピー
香りがよい
住んでからが経済的
リラックスできる
長く住める
傷みが気にならない、味になる
身体によい
ナチュラルデザイン
アレルギーフリー
シックハウスにならない
健康によい

わけです。あるいは、自然素材で職人が作るのだから、「匠の家」とうたえば高級なこだわりが感じられていいんじゃないか、など。なんとなくコンセプトっぽい言い方に見えますが、どれも思いつきの域を出ていません。

もう少し論理的に、マーケティング的な考え方をしてみましょう。「自然素材の使用」から考えられるベネフィットをいろいろ出してみます。そして、どれが消費者にとって、いちばん魅力的なのだろうかと考えるわけです（**図3-3**）。

かつて、バリューラダー（価値のはしご）といって、モノの特徴を消費者のベネフィットに置き換える方法がマーケティングの主流になっていた時代がありました。例えば、製品特徴（自然素材）↓製品ベネフィット（香りがよい）↓心理的なベネフィット（リラックスできる）↓価値（快適な暮らし）といったラダー（階段）をつくり上げていく方法です。

しかし、この発想方法では、どこかの競合が既にアピールしている可能性が高く、差別化できません。また、高次元の価値をいうほど、「快適な暮らし」といった抽象的で曖昧なものになり、消費者の心を動かすことが難しくなります。「自然素材なら、そりゃそうだ」という納得感はあっても、「値段が多少高くても、絶対このリフォーム会社に頼もう」という強い動機付けにはならないことが多いのです。

そこでヒューマン・インサイトを先に見つけてから発想する考え方が生まれました。

ケースの例で考えていきましょう。まず、ターゲットを想定するところから始めます。どんな人がリフォームをするでしょうか？　例えば、家族構成が変わった人。子供ができた、または増えた人。あるいは、子供が巣立ったあとの団塊の世代とか。

ターゲットは「需要の大きさ × 競合状況の激しさ」で決まりますが、住宅リフォーム市場はどうでしょうか。一番リフォームするのは、子供が巣立ったあとの夫婦、世代

図3-4　インサイト発想（消費者は、何を求めているか？）

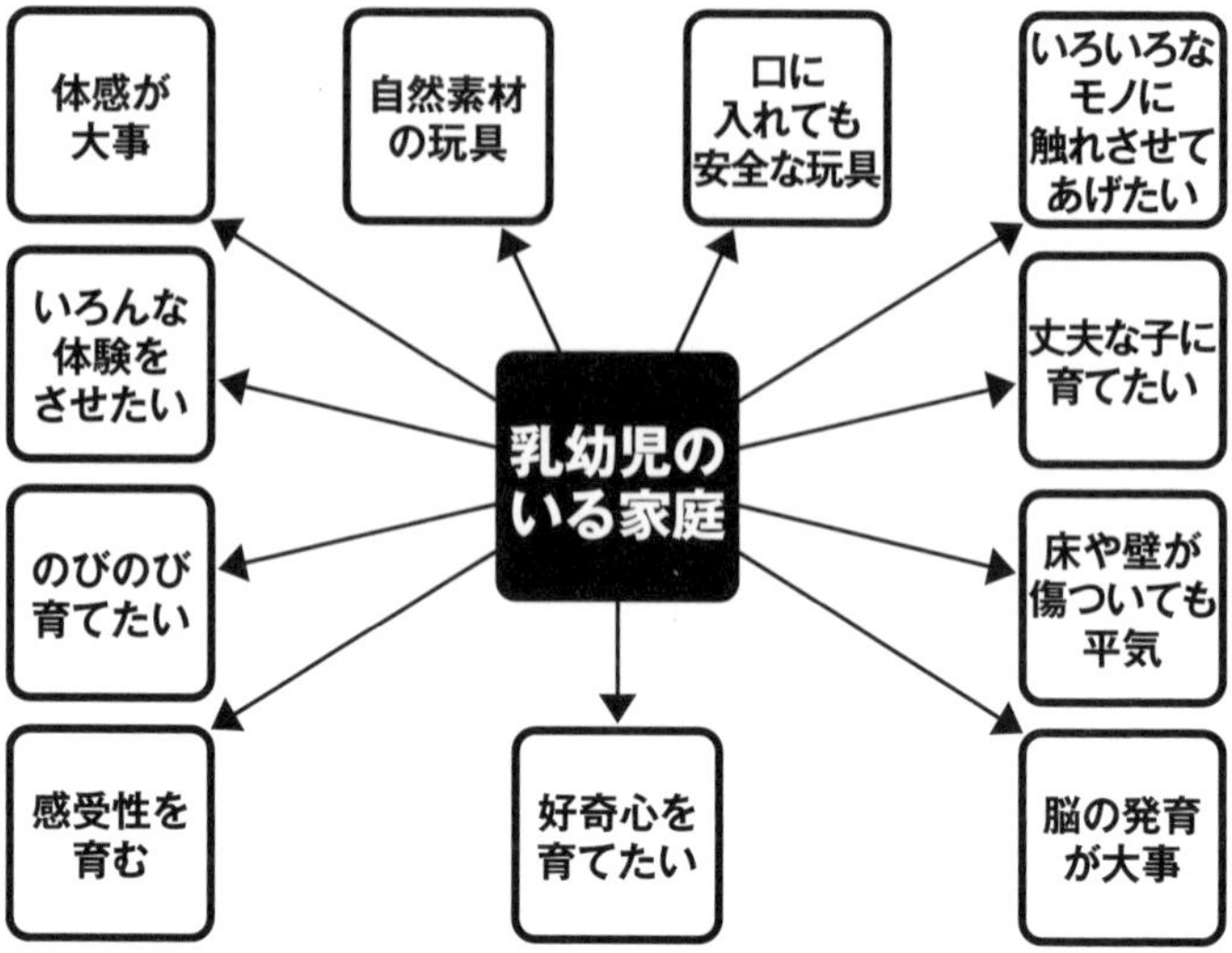
乳幼児のいる家庭
体感が大事
自然素材の玩具
口に入れても安全な玩具
いろいろなモノに触れさせてあげたい
いろんな体験をさせたい
丈夫な子に育てたい
のびのび育てたい
床や壁が傷ついても平気
感受性を育む
好奇心を育てたい
脳の発育が大事

的にいえば団塊世代と思われますが、かなり競争は激しそうです。大手のリフォーム会社が安心感と低価格で攻勢を強めていますし、地域密着型の零細施工会社は、ご近所さんの安心感と長いお付き合いから、顧客を囲い込んでいます。需要は大きくても難しいセグメントかもしれません。

このケースでは、小さな子供のいる世帯をターゲットにしてみましょう。中古の家やマンションを買ってリフォームするという想定です。

では、子育て期の両親は、どんなことを思っているでしょうか？　家をリフォームするという以前に、子育てについてどう思っているか、挙げていきましょう（**図3-4**）。

そして、さまざまな想いの中心に来るのは何だろう？　と考えます。

例えば、「丈夫な子供に育てたい」という子供の健康へのニーズ。「口に入れても安全」といった「安全性」へのニーズ。どちらに対しても、「自然素材の家」は応えられそうです。

しかし、これらのニーズはかなり漠然としています。

「丈夫な子供に育てたい」と思ったら、家のつくりよりも、まず「食事」について気を遣うのではないでしょうか。健康にいい食材、バランスのとれたメニュー、規則正しい食事時間、などなど。とすると、これらは、「家」が最も強く押せるホットボタンではないということです。

一方、「安全性」はキーインサイトになりそうでしょうか？　もし、この「自然素材の家」が、「アレルギーフリー」というところまで約束できるのであれば、有力な候補になります。アレルギーを持つ子供の家庭では、高いお金と長い工期をかけるだけの強いニーズだからです。

しかし、安全性だけでは、この企業がとらえる「独自の」インサイトにはならないと思われます。「シックハウス症候群」が社会問題になってからというもの、自然素材ではない人工建材でも安全性検査をパスしたものがほとんどです。どこも、このインサイトをとらえているというか、最低限の社会責任としてすでに取り組んでいるからです。そのため、もう一歩掘り下げて、潜在ニーズを抽出する必要があります。仮説ツール2でお話しした「見出しをつくる」要領です。

このケースでのキーインサイトは「子供に、いろいろな体感や体験をさせてあげたい」という気持ち（**図3-5**）。ポイントは、「体感」させてあげたい、という点です。歩いて足の裏で感じたり、手でなでたりつかんだり、日常的にいろいろなことを「体感」できる、家という場所に最もふさわしいインサイトを抽出したわけです。

そこから、「どういう家なら、この気持ちを満たしてあげられるだろうか？　少なくとも、手助けしたり、応援したりできるだろうか？」とプロポジションを考えます。

この例でいえば、「おうちが『体感あそび』場」。おうちにいながら、子供が木などの自然素材に触れて体感できる、おうちそのものが木の素材でできた玩具のように遊べる「あそび場」になる、という提案です。このプロポジションは、「自然素材だから子供が遊んでも安心」「遊んで床や壁を傷つけても自然素材だと『味』になる」といった機能的なよさを含んでいるうえ、「子供がのびのびと遊んで育つ」という楽しさをも提案しています。

図3-5　キーインサイトからプロポジションへ

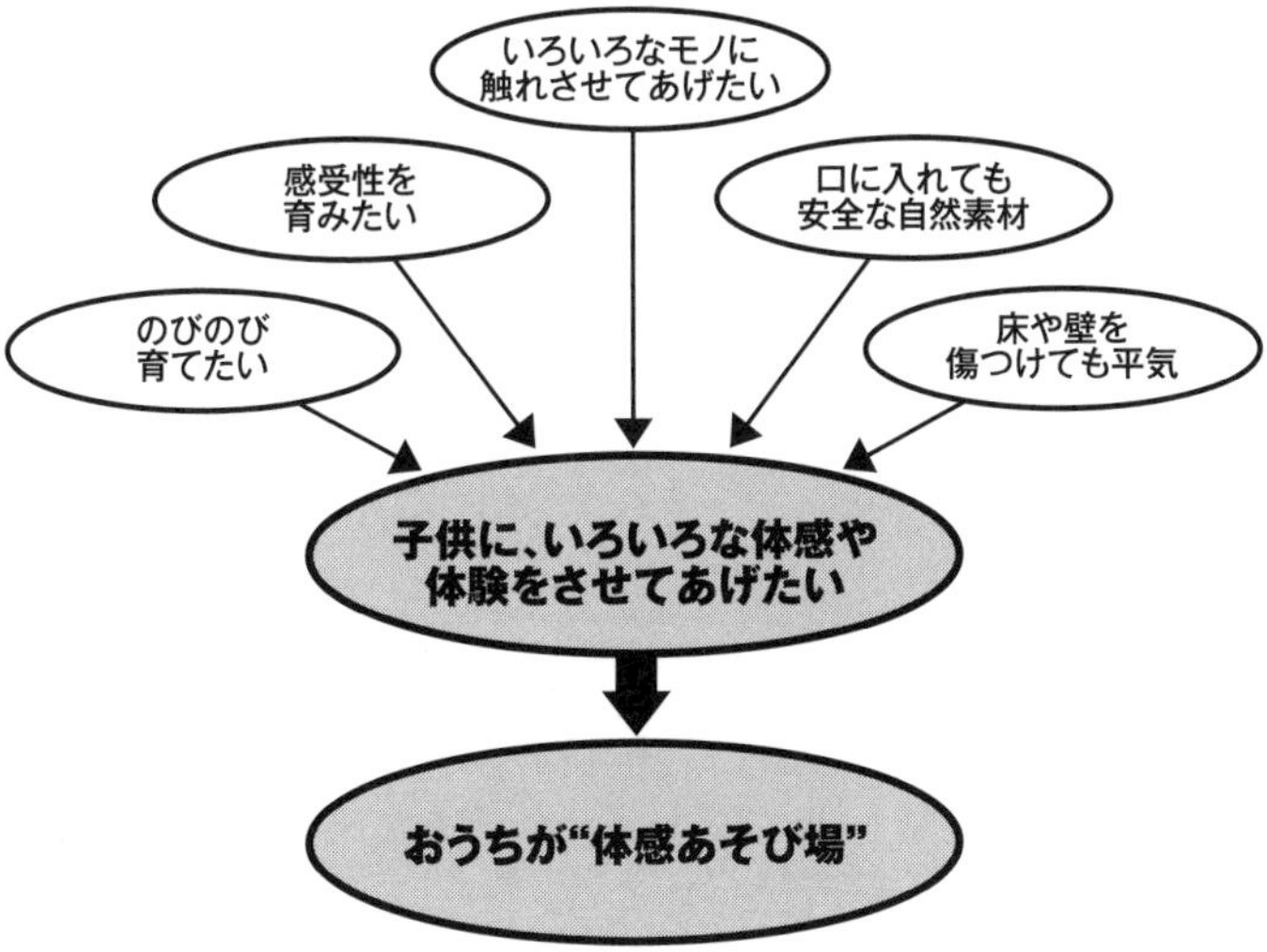
いろいろなモノに
触れさせてあげたい
感受性を
育みたい
口に入れても
安全な自然素材
のびのび
育てたい
床や壁を
傷つけても平気
子供に、いろいろな体感や
体験をさせてあげたい
おうちが"体感あそび場"

このように、プロポジションは、キーインサイトのもとになった、さまざまなターゲットの気持ちに応えるものでなくてはなりません。

インサイトとプロポジションは表裏一体ですが、同じではありません。例えば、プロポジションが、「子供に、いろいろな体感や体験をさせてあげられる家」では、具体性がありません。それはどういう家なのか？　リフォームを通して、どういう家を提案する会社なのか？をはっきりさせる必要があります。

消費者が、「割高なコストをかけても、この会社にリフォームを頼もう」と思えるぐらい、提案は、できるだけわかりやすく魅力的でなければなりません。

発想ツール2

カテゴリー・インサイトからの発想

次に、カテゴリー・インサイトからプロポジションを発想する方法を見ていきましょう。ターゲット消費者になりきる点はヒューマン・インサイトと同じですが、探るべき深層心理は、ある特定のカテゴリーやブランドに関することになります。そこから、対競合の環境の中で、購入動機を強める（広げる）か、購入を阻害しているバリアを取り除くか、もしくはその両方を行うことで、購入の増加につながる提案を考えます。

具体的には、次のような質問に答える、ターゲットの深層心理を探ります。

①ユーザーは、なぜそのカテゴリーの商品を使うのか？　動機（モチベーション）は何か？　その商品を使うことで、何を期待しているのか？

②一方ノンユーザーは、なぜそのカテゴリーの商品を使わないのか？　心理的なバリアは何なのか？　また、ライトユーザーはなぜたまにしか使わないのか？　使用シーンが限られているのはなぜか？
③ユーザーとノンユーザーの間の違いは何なのか？　商品やブランドに対する認識の違い（パーセプションギャップ）は何なのか？
④競合するカテゴリーやブランドとの対比の中で抱いているターゲットの気持ちは何か？
⑤消費者の行動に影響している気持ちは、カテゴリー全体に対するものか？　それとも、あるブランドに対するものか？
それぞれの項目で、いろいろな仮説が成り立ちます。仮説ツール2の要領で、グルーピングし、「見出し」をつけ、キーインサイトは何かを考えてみましょう。**図3-6**のテンプレートを使うと考えをまとめやすくなります。

さて、見つけたキーインサイトは、そのカテゴリーやブランドが抱えている最大の問題点でしょうか？　その問題点を解決したら、オセロがひっくり返るように、ほかのす

図3-6　カテゴリー・インサイトのプロポジション

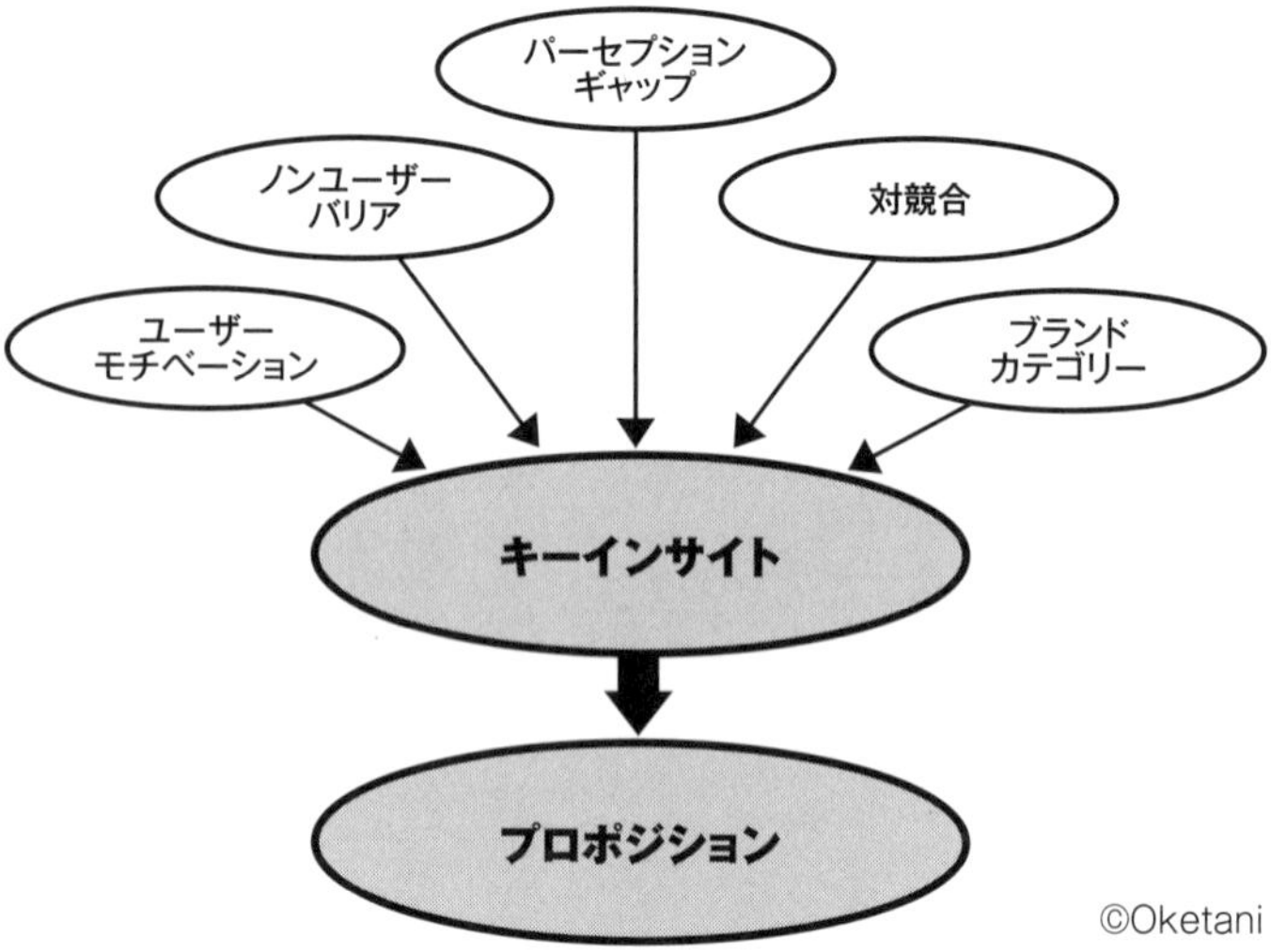
パーセプション
ギャップ
ノンユーザー
バリア
対競合
ユーザー
モチベーション
ブランド
カテゴリー
キーインサイト
プロポジション

©Oketani

べての問題も解決できそうでしょうか？

前作『インサイト』でご紹介しましたが、ハーゲンダッツが高級アイスクリーム市場を作り出せたのは、「アイスクリームはしょせん子供の食べ物」という心理的なバリアをとらえたからでした。その問題点の解決策として、「ハーゲンダッツは大人のためのアイスクリーム」というプロポジションを打ち出したところ、ユーザーイメージは子供から大人へ、食用オケージョンは午後のおやつから夜のゆっくりした時間へ、食べる動機はリフレッシュから幸せな気持ちに浸ることへ、とすべてが変わっていったのです。

このように、カテゴリー・インサイトはキーとなる問題点、プロポジションはそのちょうど裏返しとなる解決策となることが多いのです。

ヒューマン・インサイトと同様に、キーインサイトとプロポジションのセットはいくつ出てきてもかまいません。あとでお話しする検証ツールを使って絞り込んでいきます。

ケース
CASE

シック クアトロ4チタニウム レボリューション

カミソリメーカーのシックが、クアトロ4チタニウム レボリューション（SQR）という新製品を出したときのケースを見ていきましょう。SQRは、ホルダーの尾の部分に電動トリマー（電池式の小型のバリカン）が付いていて、ヒゲのないところは普通に剃り、ヒゲやモミアゲはトリマーで長さを整えられる、とても便利な一本です（**図3-7**）。

しかし、この機能は、ヒゲを生やしていない人にとっては、無用の長物です。アメリカやヨーロッパでは、男性の半数以上がヒゲを生やしているので、ターゲット人口は十分なのですが、日本ではヒゲを生やしている人は、若い層でも二割もいません。これでは、あまりに需要が少なすぎます。そこでまず、ヒゲ人口を増やそうと考えたわけです。

図3-7　クアトロ4チタニウム レボリューション(SQR)

では、どうすればヒゲを生やしてもらえるか？　そこで、ヒゲについてのカテゴリー・インサイトを調べることになりました。

キーとなったのは、ヒゲを生やさないのはなぜか？　何が心理的なバリアになっているのか？　という問題点。ヒゲはなんとなくオシャレだし、ワイルドな感じもするから、生やしてみたいと思っている。動機はすでにあるにもかかわらず、なぜ生やせないでいるのか。

それは、「自分には似合わない」という強い思い込みでした。一度も生やしたことがないにもかかわらず、ある人は「私は丸顔なので、ヒゲは似合わないと思う」と言い、ある人は「私は、面長なので似合わない」と言う。さらに別の人は、「顔が四角いから」と言うのです。つ

図3-8　ヒゲを生やさない理由

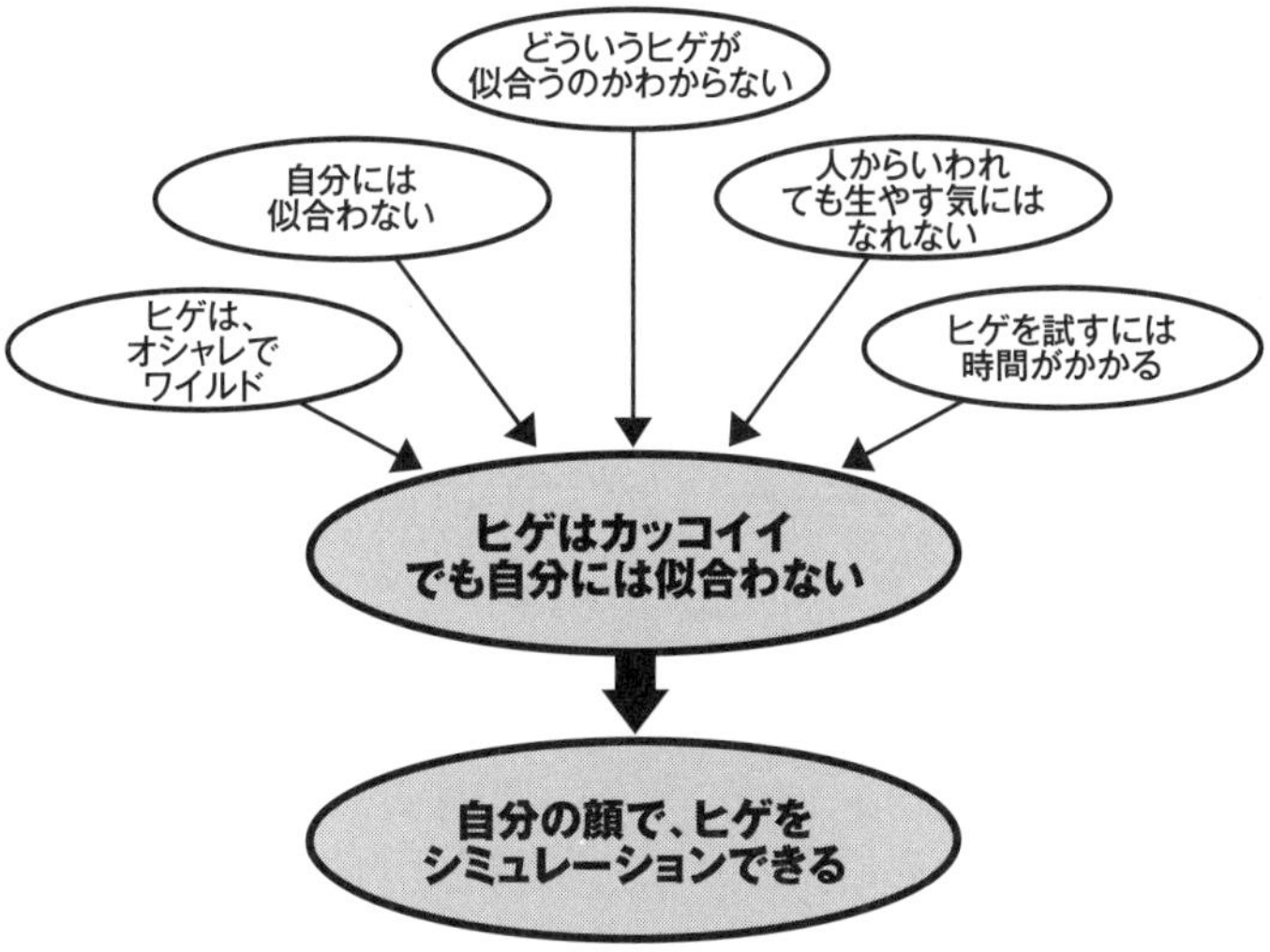
どういうヒゲが似合うのかわからない
自分には似合わない
人からいわれても生やす気にはなれない
ヒゲは、オシャレでワイルド
ヒゲを試すには時間がかかる
ヒゲはカッコイイでも自分には似合わない
自分の顔で、ヒゲをシミュレーションできる

まり、どういう顔であろうと似合わないと思い込んでいるのです。

しかも、「自分には、どういうヒゲが似合うかわからない」「ヒゲを伸ばすのには時間がかかるし、伸ばしている間は汚らしいのに、伸ばしてから微妙とか言われたら立ち直れない」といったリスクを非常に感じていることがわかりました（**図3-8**）。

ほかにも、「会社の規則でヒゲは禁止されている」「上司がヒゲを認めていない」といった理由もありましたが、これらはキーインサイトにはなりません。いちメーカーの働きかけだけでは、どうにもならないからです。

キーインサイトは、「ヒゲを伸ばすのはカッコイイ。でも、自分には似合わない」という心理的なバリアでした。インサイトが明確になると、プロポジションを発想しやすくなります。例えば、コマーシャルでブラッド・ピットが「ヒゲはカッコイイよ」といくら語りかけても、自分には似合わないと思い込んでいる人が動かされることはないでしょう。

では、あらかじめ、ヒゲが似合うかどうかがわかればよいのでは？　そこで出てきたのが、「自分の顔で、ヒゲ面をいろいろシミュレーションできる」という提案です。それに基づいて実際に行ったマーケティング活動が、「ヒゲチェン」サイトの立ち上げです。

①ヒゲを選んで、自分の顔にはめ込みます。一〇〇〇種類のリストから、ドラッグ&ドロップすると顔写真にヒゲが生えます。

②ヒゲのスタイルを検索。

「アゴ」「カコミ」などヒゲの部位から探せるタイプ別検索。「マルガオ」「オモナガ」など顔の輪郭、「ボウズヘア」「ロングヘア」などのヘアスタイル、年齢、ヒゲの濃さ、などから選べる個性別検索。「ビジネス」「ヨアソビ」などのＴＰＯ、「カジュアル」「アメリカン」などのファッションスタイル別のテーマ別検索があります（**図3-9の上**）。

3Dボタンを押すと平面写真が立体になり、顔の向きを変えたり、笑ったりしかめ面をしたり、いろいろと表情を変えて、似合うかどうかがチェックできます。

③出来上がったヒゲを、レーダーチャートで評価。「ワイルド」「セクシー」「ユニーク」「スマート」の四軸で得点が出ます。例えば、「ワイルド」で「セクシー」なイメージだけど、「スマート」じゃないというように。総合評価は、「似合う」「似合わない」。これを参考にしながら、自分に似合うヒゲを見つけます（**図3-9の下**）。

最後に、ヒゲスタイルが決まったら、お手入れ方法とともに商品を紹介する画面が出てくるようになっています。

そのほかに、ヒゲのことなら何でも網羅した「ポータルサイト」を目指して、「ヒゲコン」（サイト閲覧者の投票で決まるヒゲのコンテスト）、「ヒゲデミー」（ヒゲにまつわるネタ満載の学校）、「モテヒゲ」（女子にモテるヒゲのお役立ち情報）といった遊べるコーナーも用意しました。

図3-9 「ヒゲチェン」サイト

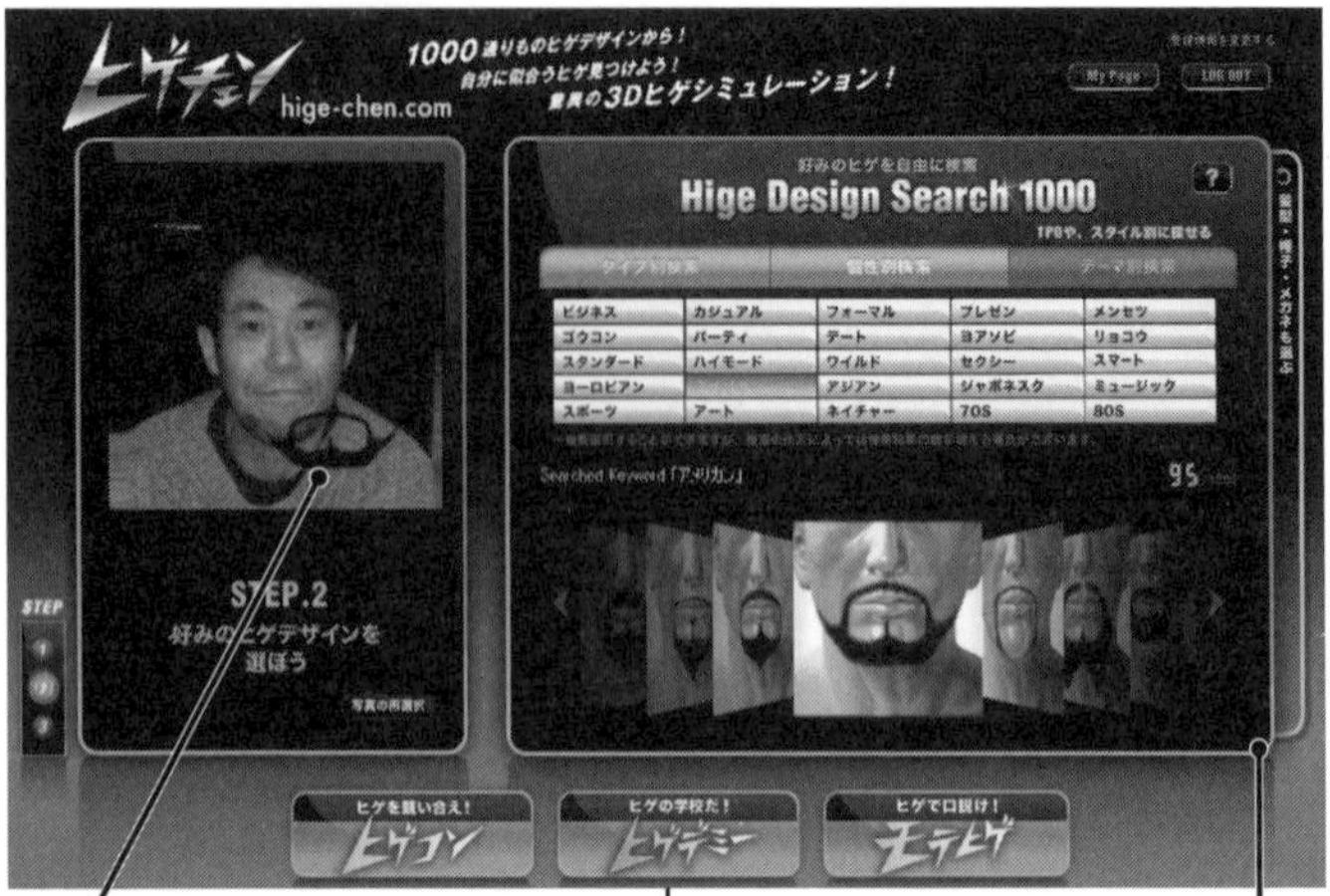

選んだヒゲを自分の顔にドラッグ＆ドロップ

レーダーチャートで評価

選べるヒゲは1000種類。顔のタイプやファッションスタイルなどと合わせて、自分に似合う組み合わせが見つかるまで試せる

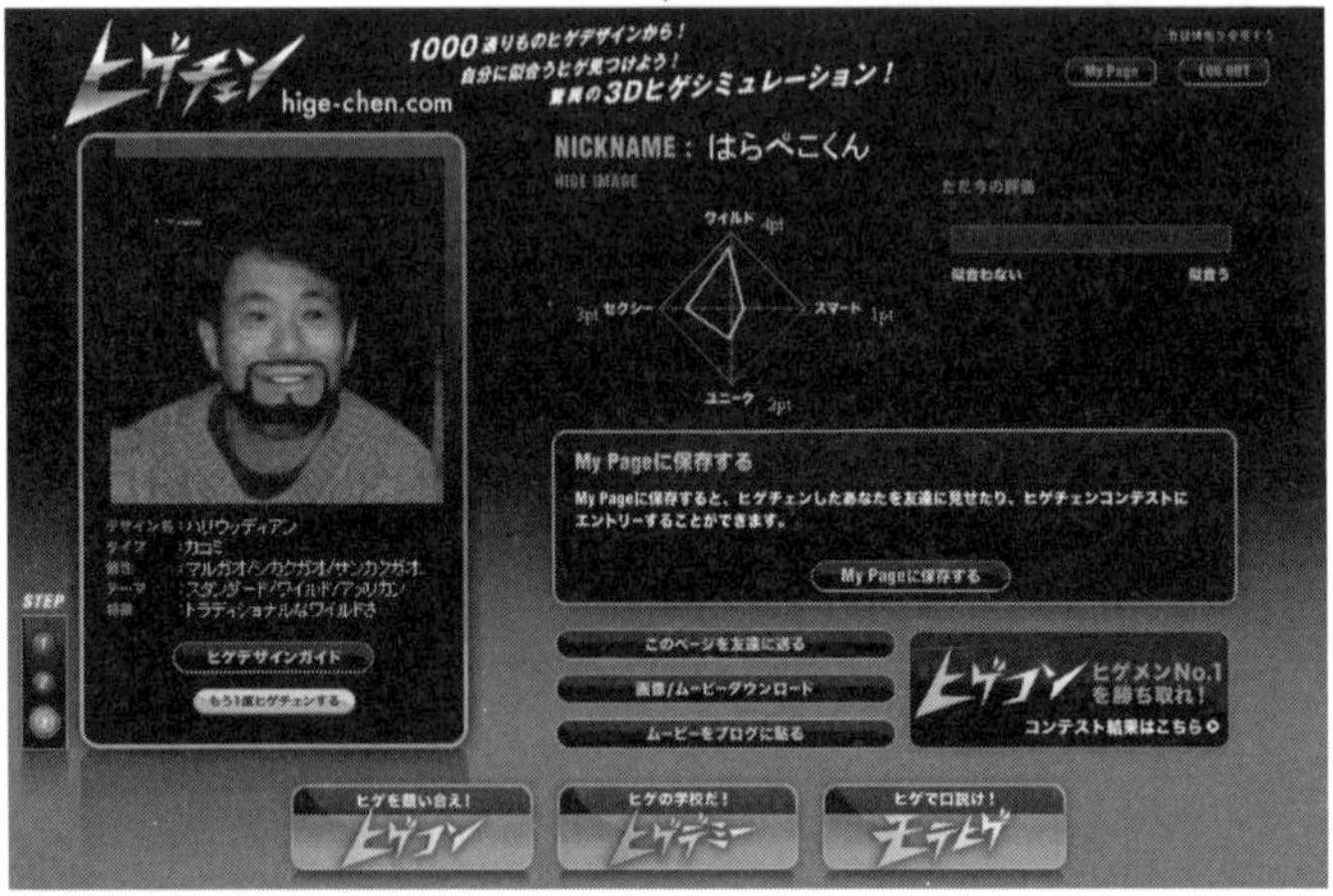

このケースでは、すべての活動が「ヒゲチェン」サイトを中心に組まれています（図3-10）。消費者が自分で体験し、それを人にも話して、ヒゲを生やすトレンドが生まれる。消費者起点のムーブメントを起こそうとしたわけです。

そのため、このサイトは、二段階でオープンさせました。ネット上でのクチコミが広がるよう、マスメディアで紹介する前に、アルファブロガー（影響力のあるブロガー）だけに紹介しました。アルファブロガーは、まだ誰も知らないサイトなど、ニュースバリューを持ったネタを大事にするからです。

しかも、その後「YouTube」などに投稿されることを想定して、おもしろい動画をバイラルムービーとして紹介。バイラルとは、増殖するウイルスのことですが、そこから転じてネット上のクチコミの広がりを指すようになりました。ここで、「ツタンカーメン」や「雛人形」「モナリザ」の顔にまでヒゲをつけて動かしました。

そして正式なオープン時には、製品だけでなく、この「ヒゲチェン」サイトを紹介するコマーシャルを流したわけです。サイトの存在を知れば、どれくらいの人がサイトを訪れ、自分に似合うヒゲを見つけ、カミソリ製品に興味を持つ、というメドがあっての活動です。より手軽にヒゲ顔をつくって送れる携帯サイトも、同時にオープンさせました。

図3-10 「ヒゲチェン」を中心にした全体像

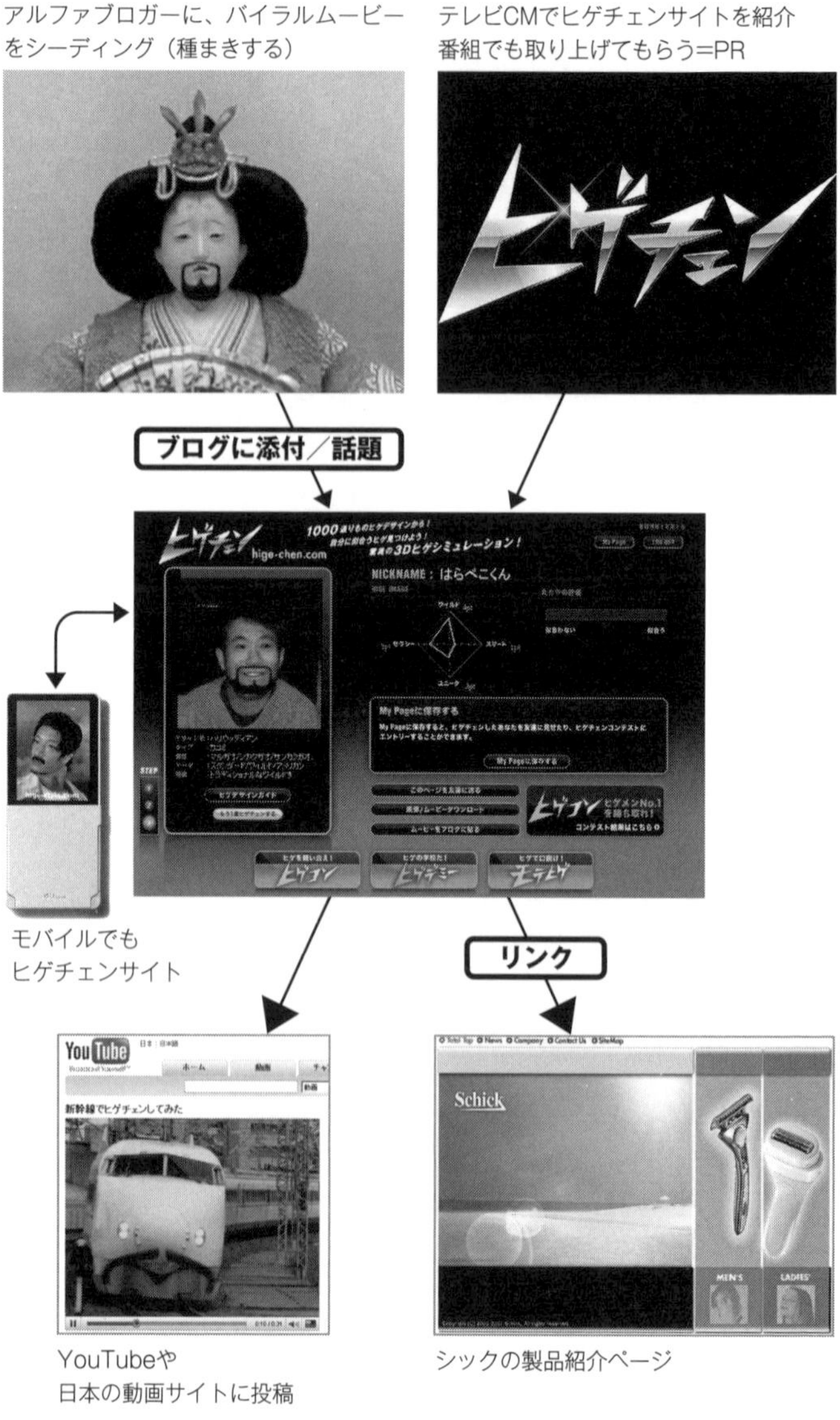
アルファブロガーに、バイラルムービーをシーディング（種まきする）
テレビCMでヒゲチェンサイトを紹介
番組でも取り上げてもらう=PR
ヒゲチェン
ブログに添付／話題
hige-chen.com
NICKNAME：はらぺこくん
My Pageに保存する
モバイルでも
ヒゲチェンサイト
リンク
YouTube
新幹線でヒゲチェンしてみた
Schick
MEN'S
LADIES'
YouTubeや
日本の動画サイトに投稿
シックの製品紹介ページ

ヒゲチェンは、誰でも、人以外でもヒゲをつけて遊べるので（モヤイ像や新幹線につけたものも出てきました）、おもしろいものができるとYou Tubeに投稿したくなるし、それを見た人がヒゲチェンサイトに来て自分でシミュレーションすると、また誰かに教えたくなるといったように、典型的な「循環型のコミュニケーション」が成立しました。

キーインサイトをとらえたプロポジションだからこそ、テレビコマーシャルを中心とした従来の「一方通行型のコミュニケーション」にはない広がりが出たのです。

ちなみに、シック・ジャパンが行ったこのキャンペーンは、二〇〇八年のAME賞（Marketing Effectiveness Award）で、ゴールドを受賞しました（最も効果的なマーケティング活動に与えられるもので、インサイト、戦略、アイデア、成果の総合得点で競います）。インサイトから発想したキャンペーンが世界的な賞を受賞したことで、今後いっそうインサイトの考え方が広がっていくと思われます。

発想ツール 3

インサイトと製品やブランドを結びつける

いくらすばらしいキーインサイトを見つけても、商品やブランドと結びついたプロポジションができなければ、意味がありません。八六ページで紹介した女子中高生向けの栄養補助食品の例でいえば、「男の子に、モテたい」というヒューマン・インサイトから、「かわいくなってモテる」というプロポジションをつくったとしても、パッケージをかわいく変えるだけでは、数あるお菓子やスナックと差別化するのは難しいでしょう。

しかし、「かわいくなってモテたい」という気持ちをさらに掘り下げてみたらどうでしょう。「ダイエットして（＝かわいくなって）、モテるようになりたい。でもお金がないから、高価なダイエット食品は買えない」というキーインサイトを導き出したとしたら、「ティーンのモテ・ダイエット」というプロポジションが現実味を帯びてきます。

図3-11　ブランドや製品の特徴と結びつける

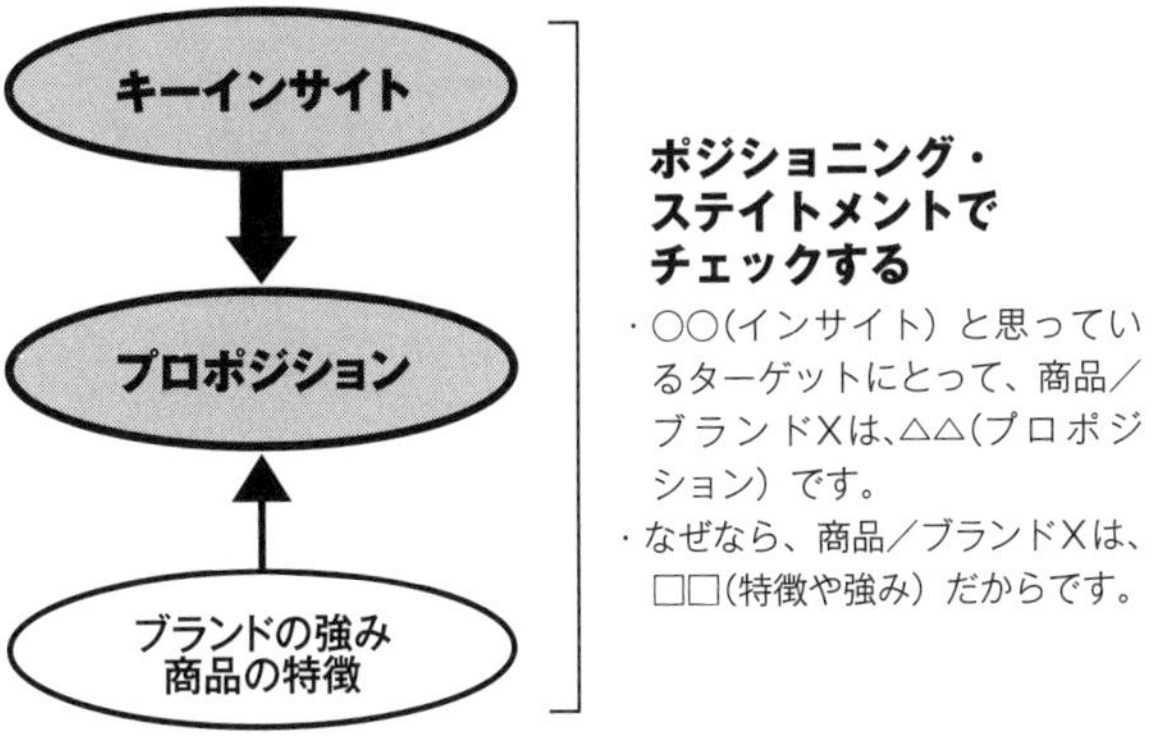
キーインサイト
プロポジション
ブランドの強み
商品の特徴
ポジショニング・
ステイトメントで
チェックする
・○○(インサイト) と思っているターゲットにとって、商品／ブランドXは、△△(プロポジション) です。
・なぜなら、商品／ブランドXは、□□(特徴や強み) だからです。

大人向けの高価なダイエット食品と同じように、栄養バランスとカロリーが計算されたスナックで、○○ダイエット理論に基づいて商品設計がなされている。信頼できるエステティックサロン○○のオフィシャルフードにも採用されている、そのうえ、ちょっと高めのスナック程度といった価格。こういう商品であれば、今までの栄養補助食品とも、他のダイエット食品とも差別化された、新しいポジションを獲得できそうです。

何より、インサイトとプロポジションがきちんと商品の特徴や強みと結びついているので、ターゲットから見たときに、納得感があります。

プロポジションを考えるとき、どうすればインサイトとブランドや製品を結びつけることができるのか？　という視点から発想するのが、このツールです（**図3-11**）。

すでに製品やブランドがある場合は、その特徴や強みを生かせるプロポジションを考え出します。逆に、新しく製品やブランドを立ち上げたりする場合は、プロポジションを実感できる製品を開発します。先ほどの例でいえば、ダイエットに効果的な成分や栄養バランスが配合されているなど、プロポジションに信憑性を与える製品の裏付けを作り出すわけです。

ときおり、中身が伴わず、コンセプトだけで売ろうとするケースが見られますが、それでは少し話題になることはあっても、長続きしません。やはりブランドの強みや製品の特徴と結びついたプロポジションだけが、きちんとターゲットのインサイトを突くことができるのです。

ケース
CASE

住宅リフォーム会社のポジショニング・ステイトメント

一〇三ページで取り上げた住宅リフォーム会社の例で考えてみましょう。

例えば、インサイトとして、「思いどおりのデザインの家に住みたい」という気持ちを取り上げ、「わがままを叶えるデザインリフォーム」というプロポジションを考えたとしましょう。このリフォーム会社の特徴や強みと結びついているでしょうか？

答えは否です。このプロポジションを採用して成功するのは、「デザイナーズ・マンション」に強みを持っている施工会社だったり、ひとりひとりのこだわりを叶えるインテリアデザイナーや建築家と提携したりしているようなリフォーム会社ではないでしょうか。

このように、いくらよさそうなインサイトとプロポジションであっても、その商品の特徴やブランドの強みと結びついていることが必須です。なので、プロポジションを発想するとき、商品やブランドとつながるかどうかという視点を持つ。それが大事なのです。

もちろん、ヒューマン・インサイトを見つけ出すステップでは、いったん商品のことを完全に忘れ、ターゲットの本質的な気持ちを見つけ出すことに集中します。商品のことを心の片隅に置いているようでは、消費者になりきれません。

プロポジションを発想するステップに来てはじめて取り組み方を切り替え、商品やブランドとのつながりを考えるのです。ただし、すっかり企業サイドに立つわけではなく、あくまでも消費者の視点を残しておきます。プロポジションが商品と結びついているかどうかを判断するのは、消費者だからです。インサイトで規定した「気持ち」に、商品が応えてくれるかどうか、信憑性が感じられるかどうか、すべては消費者の目線でシミュレーションしなくてはなりません。

きちんと商品やブランドと結びついたインサイトとプロポジションがつくれているかどうかを論理的にチェックできる方法をご紹介しましょう。「ポジショニング・ステイトメント」と呼ばれる文章をつくってみることです。非常に古典的なマーケティング・ツールですが、これに当てはめてみることで、このプロポジションが正しいかどうか見ることができます。

ポジショニング・ステイトメント

・○○（インサイト）と思っているターゲットにとって、
・商品／ブランドXは、△△（プロポジション）です。
・なぜなら、商品／ブランドXは、□□（特徴や強み）だからです。

□□は、一般的には、「製品サポート」や「Reason to Believe」（ベネフィットを信じる理由）と呼ばれているもので、この文章を作ってみれば、□□の部分があるかどうか、□□によってプロポジションの提案に信憑性や納得性があるかどうかをチェックすることができます。

そして、全体のステイトメント（文章）を読んで、矛盾がないか、魅力的かをチェックすることで、インサイト～プロポジション～製品特徴の流れに一貫性があるかを確認できます。

先の住宅リフォーム会社でいえば、こうなります。

・「子供に、いろいろな体感や体験をさせてあげたい」と思っている、乳幼児のいる家庭（両親）にとって、
・住宅リフォーム会社Aのリフォームなら、「おうちが『体感あそび』場」になります。
・なぜなら、住宅リフォーム会社Aは、「自然素材」を使うので、（手触りがよくて安全で、傷つけても平気だから）子供がのびのびと触りまくって遊べるからです。

発想ツール 4

インサイトとプロポジションを行き来する。セットで考える

いいインサイトが見つかったとしても、いいプロポジションが出なければ考え直す。どうも、プロポジションがありきたりというか鋭さに欠ける場合は、インサイトがそもそも甘い場合が多いので、もっと掘り下げてみる。逆に、よさそうなプロポジションが出たときは、背後に何かすごいインサイトをつかまえているからではないかと考え、インサイトのほうを見直してみる……。このようにして、両側から考えていくのです（**図3-12**）。

インサイトに基づいていないプロポジションでは、消費者の気持ちを動かすことはできません。例えば、ティーン向けの栄養補助食品で、「キラ！　かわ！　スナック」というプロポジションは、女子中高生の「キラキラしてかわいいモノが好き」という嗜好

図3-12　インサイトとプロポジションはセットで考える

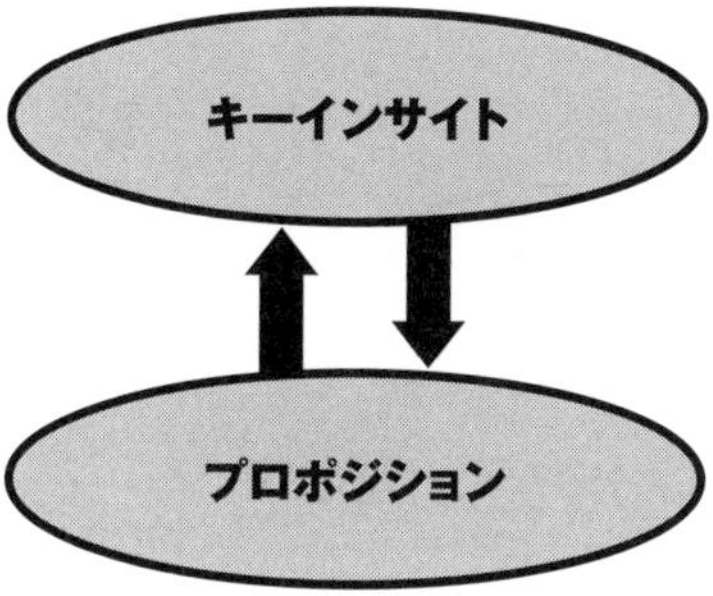

に合わせただけで、何の発見もないばかりか、そんな商品は巷にあふれています。

あるいは、「ティーン・スタイル・スナック」というプロポジション。一見、コンセプトっぽく思えますが、単にティーン向けのスナックといっているだけです。「スタイル」という言葉に、「自分流のスナック」みたいなこだわりがあるように見えるかもしれませんが、ここには具体性がありません。ティーンは自分流に何がしたいのか、インサイトを掘り下げていないのです。

いいインサイトとプロポジション、商品やブランドの特徴や強みがつながっていなければ、最終的にモノは売れません。インサイトとプロポジションは、切っても切れない不可分の関係にあるので、「最強のセットを作り出す」ことを目標に、取り組みます。

ケース
CASE

住宅リフォーム会社のインサイトとプロポジションのセット

引き続き住宅リフォームの例で考えてみましょう。**図3-13**は、「最強のセット」になっているでしょうか？

インサイトとプロポジションを結びつけているのは「体感」ですが、もし仮に、インサイトを「のびのび育てたい」にしていたら、プロポジションはどうなっていたでしょうか。

「おうちがあそび場」という似たプロポジションが出る可能性もありますが、「のびのび育てたい」と「あそび場」だけでは、この企業の強みである「自然素材の家」と結びつきません。カラフルなプラスチック製のおもちゃに囲まれていても「あそび場」は実現できるからです。

では、「おうちが『体感あそび』場」というプロポジションは、きちんとインサイトをとらえているでしょうか？

これは、「子供がいろいろな体感を通して、感受性を育んでほしい」という願いをとらえていますし、「勉強」ではなく「遊び」場とすることで、「のびのび育てたい」とい

図3-13 住宅リフォーム会社のインサイトとプロポジション

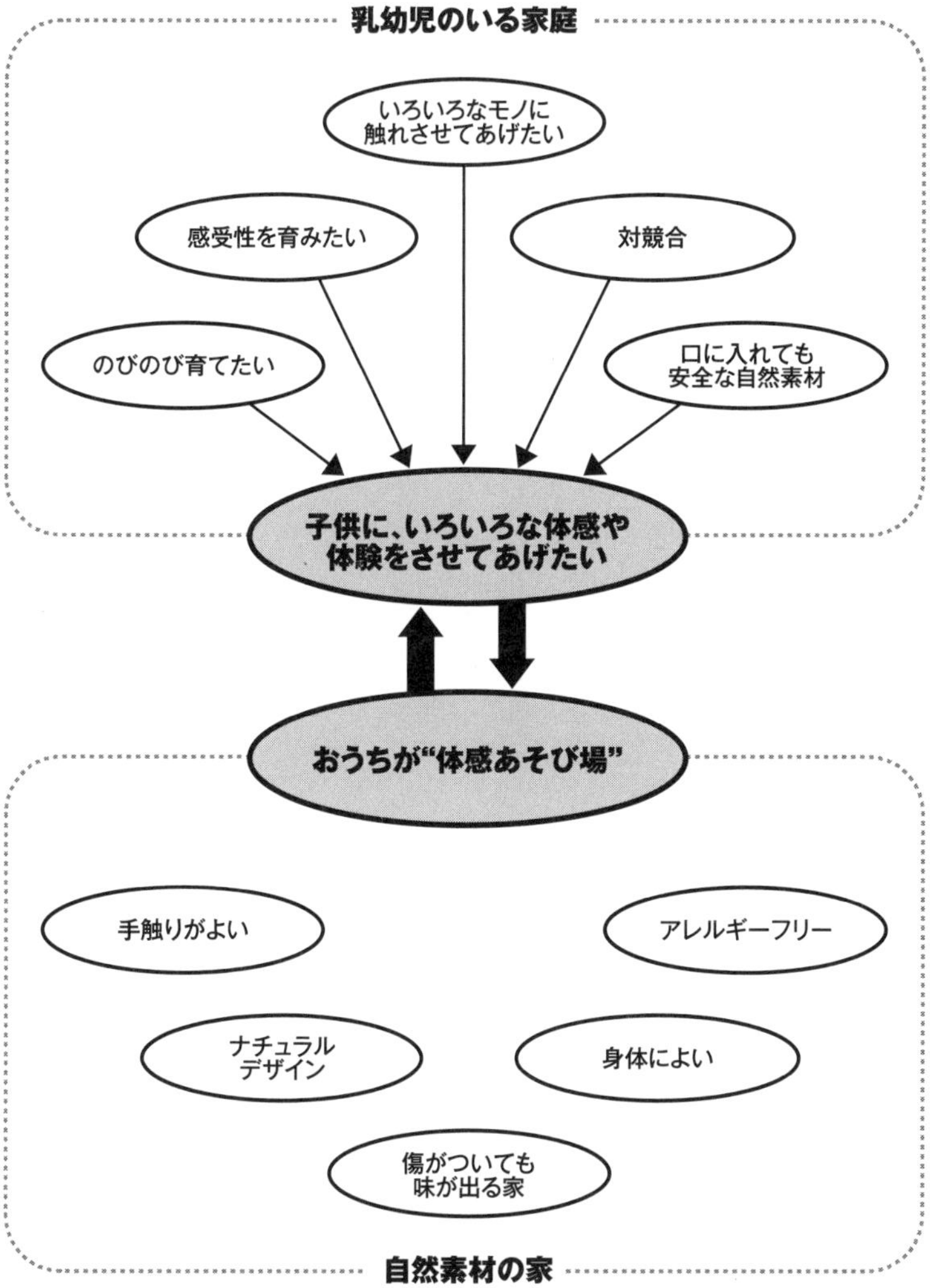
乳幼児のいる家庭
いろいろなモノに
触れさせてあげたい
感受性を育みたい
対競合
のびのび育てたい
口に入れても
安全な自然素材
子供に、いろいろな体感や
体験をさせてあげたい
おうちが"体感あそび場"
手触りがよい
アレルギーフリー
ナチュラル
デザイン
身体によい
傷がついても
味が出る家
自然素材の家

うニーズをもとらえています。しかも「体感する＝自然素材」と、商品特徴を強みとすることができるのです。

慣れてくれば、インサイトとプロポジションを同時に考えることもできますが、最初はインサイトから先に考えるようにしましょう。そうでないと、やはり従来の製品からの発想に引っ張られますし、それのどこがいけないのかさえ気づかないことが多いからです。

例えば、「自然素材」から連想する家は、「こだわりの家」「匠の家」「ナチュラルデザインの家」「安らぎの家」などなど。どれもコンセプトっぽい響きがあって、プロポジションになりそうですが、よく見ると平凡でありきたりな提案だと思いませんか？　すでに、どこかの住宅メーカーなどがいっていそうな。

画期的なアイデアを発想するには、どれだけモノから離れられるか。つまり、どこまでターゲットになりきって、新しい視点を持てるかが、カギになります。そして製品の特徴や強みと結びつくギリギリのところに、画期的なブレークスルーがあるのです。

また、商品特徴のほうから入ると、インサイトを都合のいいように変えてしまうケースが、ままあります。極端な例でいいますと、消費者から見てどうでもいいような製品特徴を、さも消費者が求めているようにインサイトを都合よく解釈してしまうのです。

例えば、「キーボードのたたき心地が硬い」パソコンがあったとします。その特徴から「硬いキーボードには、仕事をしているという実感があって好き」といったありもしないインサイトをつくる。ティーン向けの栄養補助食品なら、製品特徴の「栄養」を生かすために、「ティーンは、栄養をきちんと摂ることをカッコイイと思っている」とでっち上げてしまうわけです。

これほど極端な例であれば、ティーンになりきらなくてもおかしいとわかるはずですが、実際に仕事でかかわっていると気づかないことは多いのです。「ひょっとすると、ティーンも栄養のことをちょっとは気にしているかも」、いやいや「栄養がないより、あったほうがいいぐらいは思っているだろう」、きっと「栄養のことは学校でも習うのだし、ティーンだってきちんと栄養を摂るべきだと思っているに違いない」というように、どんどん都合よくインサイトがつくられていくわけです。

けっして笑うことなかれ。製品から発想していくと、往々にして起きることなのです。

発想ツール

5

プロポジションから実施プランへ

プロポジションがつくれたら、ここから新製品や製品バリエーション、価格設定、流通施策、広告プロモーションなど、さまざまな活動の具体案に発想を広げていきます（**図3-14**）。

プロポジションを見て活動案が浮かんでこなかったら、「文章」の表現の仕方を考えてみてください。

文章化するにあたって、インサイトのほうは、わかりやすく「ナマ」の気持ちが感じられるように書きます。

一方、プロポジションのほうは、具体案を刺激するような、つまりそこから具体案のアイデアが湧いてきたり、想像が広がったりするような、興味を引く書き方にします。

図3-14　プロポジションから実施プランへ

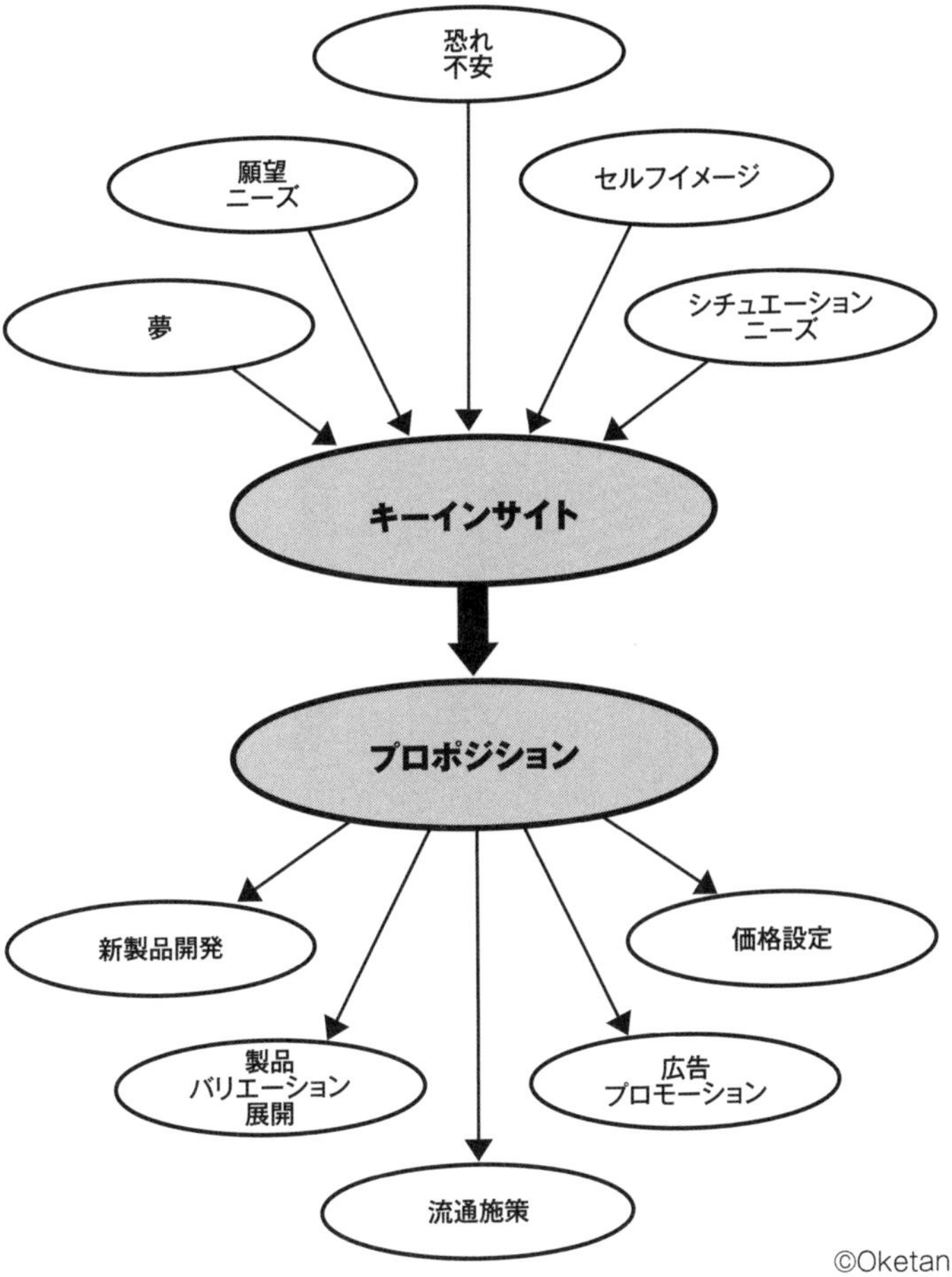
恐れ
不安
願望
ニーズ
セルフイメージ
夢
シチュエーション
ニーズ
キーインサイト
プロポジション
新製品開発
価格設定
製品
バリエーション
展開
広告
プロモーション
流通施策

©Oketani

そのとき、キーインサイトをつくるもとになったターゲットの気持ち（夢、ニーズ、不安など）が、とても参考になります。具体的な活動案は、ターゲットのさまざまな気持ちをとらえることになるからです。これまで紹介した二つのケースで見てみましょう。

ケース
CASE

ティーン向け栄養補助食品の活動案

ティーン向けの栄養補助食品を例にして、いくつか「インサイト／プロポジション」セットと、そこから考えられる具体案を挙げてみましょう。

まず、次のセットからどんな具体案が浮かんでくるでしょうか？　考えてみてください。

インサイトは、「勉強ができるようになって、受験で合格したい」。

プロポジションは、「試験勉強、応援フード」。

・製品：勉強中に眠くならないよう、軽くて腹持ちする。集中力が増すような、ちょっと噛み応えがある食感。疲れがとれる甘み。アタマがよくなるような成分も入れられたらベスト？

・プロモーション：進学塾か有名予備校とタイアップ。「〇〇予備校、公認オフィシャルフード」になる。有名大学合格率トップの予備校で採用されている栄養補助食品だと、よさそうなイメージがしませんか。公認マークをパッケージに入れる、その予備校で商品のサンプリングをする手もありそう。

・販売ルートの拡大：量販店、コンビニだけでなく、予備校や学校の購買部で販売する。

・PR：有名高校や大学の卒業生の多くが、実はこのフードを食べていた、という記事をPR的に流す。ブロガーにも取り上げてもらう。

・オケージョン提案：広告や店頭POPで、試験勉強中の夜食、あるいは塾に行く前の小腹満たしに最適のフードであることを伝える。

次に、ティーンにとって勉強と並ぶ二大活動のひとつ、部活を取り上げてみます。ここからは、どんな具体案が発想できるでしょうか？

インサイトは、「部活で活躍したい」。

プロポジションは、「部活、応援フード」。

・製品：食べた直後に運動しても、腹が痛くならない軽さ。かつ、腹持ちがいい。プロテインやカルシウム強化？

・プロモーション：部活で有名な学校や権威のある団体とタイアップ。例えば、甲子園常連校の公認オフィシャルフードになれば、真剣に部活をしている生徒にとっては、かなり試してみたくなるでしょう。

・販売ルートの拡大：学校やスポーツクラブの購買部に拡大。

・ＰＲ：さまざまなスポーツの有名校で採用してもらい、ＰＲ価値を高める。そのためには、部員に年間無料提供することも考えられる。

・オケージョン提案：部活の直前でも、消化吸収がいいスナック。

具体的な活動案のアイデアは出てきましたか？　もし、出てこなかったとしたら、「インサイト／プロポジション」セットそのものを見直す、もしくは書き方を工夫します。

ケース
CASE

住宅リフォーム会社の活動案

同じく、住宅リフォームの例でも、「インサイトとプロポジション」のセットから、具体案を発想してみましょう。

インサイトは、「子供に、いろいろな体感や体験をさせてあげたい」。

プロポジションは、「おうちが『体感あそび』場」。

・ショールーム：このプロポジションの場合、なんといっても一番大事な活動は、体感・体験してもらうショールームの設置でしょう。

自前の設備だけでなく、子供と母親を同時につかまえる接点として、ショッピングモールの子供の遊び場スペースでのタイアップ、あるいは幼稚園でも一部屋をつくりショールーム化できるかもしれません。子育て中で、「自然素材」に関心の高いターゲットが集まる場所として、知育玩具ブランドの店舗などとタイアップすることも考えられるでしょう。バーチャル・ショールームを、ウェブ上に設置することもできます。

・ショールームに誘引するための告知活動：営業所のある私鉄沿線の交通広告のほか、

ロハス系地域情報誌（『世田谷ライフ』など）、園児と母親の情報誌（『あんふぁん』など）での記事広告。

・教育学者とのタイアップ：「体感」の大切さを感じてもらうため、体感が右脳の発育を促すといった啓蒙活動を行う。

わかりやすいインサイト、発想を刺激するプロポジション、このセットがあれば、具体的な実施プランのアイデアがどんどん広がっていきます。このアイデア出しは、実施担当者は別の人だったり、自分は指示する立場にあったりしても、一度は必ず自分でやってみてください。自分でアイデアが出ないインサイトとプロポジションからは、他の人がやっても出てこないからです。

また、自分でやってみることで、いいインサイトとプロポジションがつくれたかどうかを確認できます。試行錯誤することで、どういうインサイトとプロポジションが画期的な実施案を生み出すのか、実感を持つことができるし、それがクセとなって身についていきます。

chapter

4

インサイトとプロポジションを検証しよう

インサイトとプロポジションが出来上がったら、それが正しいかどうか、本当にターゲットを動かす力があるかどうかを検証するステップに進みます。

以下、三つのツールを見ていきましょう。

検証ツール 1

絞り込み／チョイス

まず、インサイトが抽象的、概念的になっていないかを検証します。インサイトが抽象的、概念的になっていると、そこから出てきたプロポジションも抽象的になります。そうすると、何を提案しているかが見えにくくなるし、切り口が鈍くなります。結果、具体案を出すのが難しくなります（**図4-1**）。

いくつかのターゲットの気持ちをくるもうとして抽象的になってしまうのであれば、どれかをピックアップしましょう。まとめるより、選ぶ作業をするわけです。そうすれば、具体的なナマの気持ちをそのままインサイトにすることができます。

ですが、これが意外と難しい。たくさんのワークショップを経験してきて感じるのは、多くの人がインサイトを具体化すること、絞り込むことを恐れるということです。その

図4-1　インサイトとプロポジション

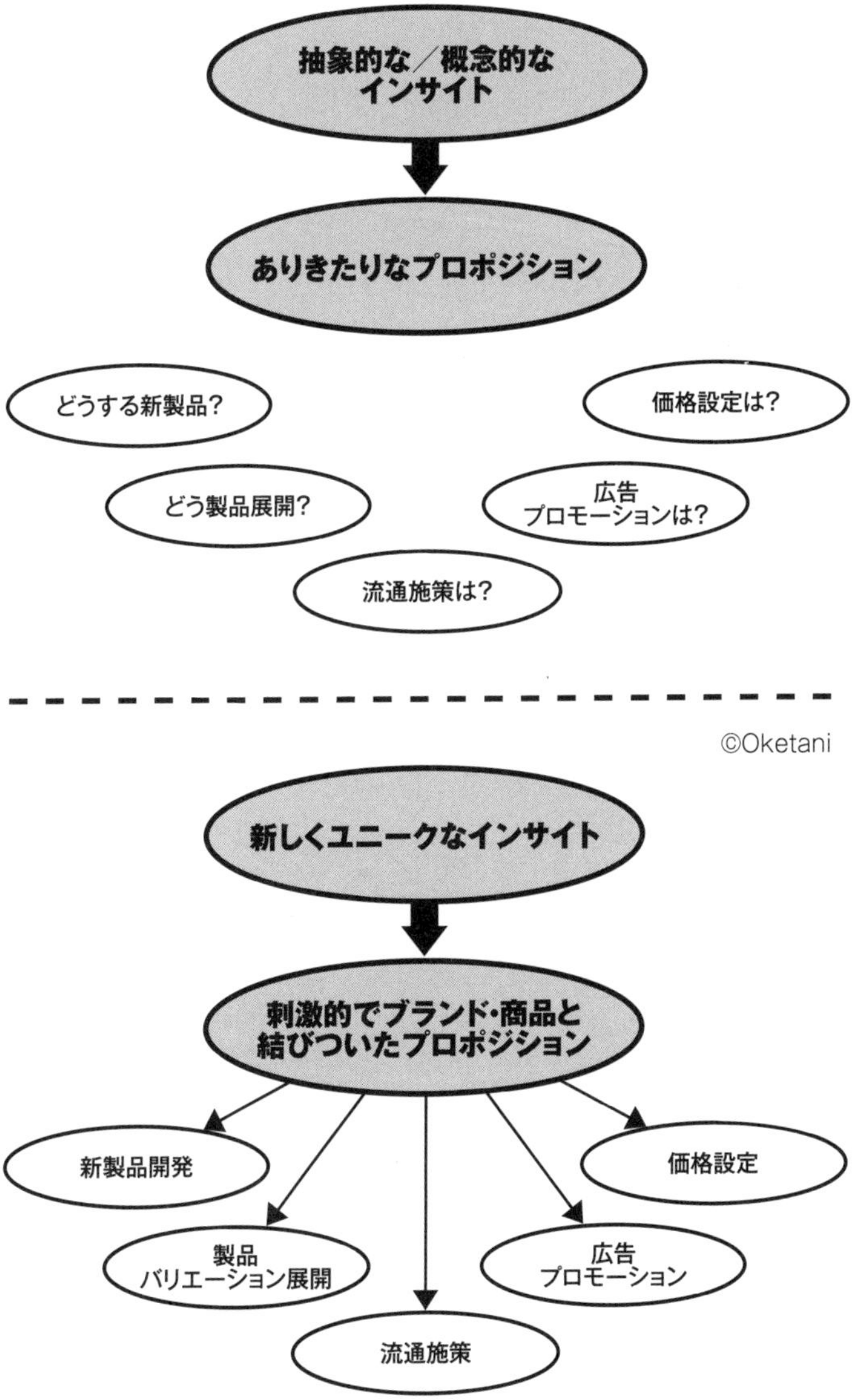
抽象的な／概念的な
インサイト
ありきたりなプロポジション
どうする新製品？
価格設定は？
どう製品展開？
広告
プロモーションは？
流通施策は？
©Oketani
新しくユニークなインサイト
刺激的でブランド・商品と
結びついたプロポジション
新製品開発
価格設定
製品
バリエーション展開
広告
プロモーション
流通施策

インサイトが的を射ているかどうか自信がないからです。モリで突くより大きな網を投げたほうが捕まえられる気がする。ライフル銃より散弾銃のほうが当たる気がする。そんな感じでしょうか。

例えば、ティーンのインサイトを探っている場合。「やばい(＝カッコイイ)」「カワイイ」「ワガママ」といった言葉はいろいろな要素を含みすぎています。抽象的なインサイトでは、たとえ間違っていなかったとしても、ありきたりで印象には残りませんし、具体案も出てきません。勇気を出して、何かひとつ、特徴的なものを選んだり、絞り込んだりしてみましょう。

検証ツール 2 もう一度、ターゲットになりきって見直す

検証の段階でも、もう一度ターゲットになりきって、その商品やキャンペーンを見直してみます。本当に魅力的か？ 今、使っているものをやめてでも、それを使ってみたいか？ 単にターゲットにすり寄っただけのものは、見向きもされないと肝に銘じてください。

例えば、ティーン向きのスナック菓子。

女子向きにはかわいく、みんなで分けられて。

男子向きには、おもしろくて、がっつり食べられて。

でも、ティーンになりきってみたら、すでにそういう商品がコンビニにはあふれています。特に、そのスナック菓子を食べる必要があるのか、という質問を投げかけてくだ

さい。他の商品にはない存在価値があるのか、ティーンになりきった自分に問いかけてみてください。

残念なことですが、たいていの人が、反対に「製品」から「ティーン」を眺め、すり寄ろうとしてしまいます。

「かわいいネーミングにしたら、ウケるのではないか」
「パッケージをかっこよく変えよう」
「恋占いをつけよう」
「とんでもない味のものを混ぜて、おもしろみをつけよう。罰ゲームにも使えるように」
「ティーン向けに、ケータイを使ったキャンペーンをやろう」

どれも、ターゲットに対して「提案(=プロポジション)」はありません。一歩引いて、ターゲット目線で、そのスナック菓子を見てください。実にありきたりの、何の変哲もない商品。ティーンに人気があるスナック菓子は、すでにそういう要素を備えています。そう、これらはありきたりの最低限のことで、差別化にはならないのです。

製品を中心に置いて、ターゲットにウケるように改善していくと、自分の製品だけを見れば、ずいぶんよくなった気がするかもしれません。しかし、ポイントは、前よりどう改善されたかではありません。すでに何かを食べたり使ったりしているターゲットが、それを止めてまで自分の商品を買ってくれるかどうか、です。しかも世の中にあふれている商品の中で……。

ですから、商品が消費者の手に届くまで、どの段階でも、何度でも、ターゲットになりきって見直す必要があるのです。

検証ツール 3

検証調査は、消費者に見えるカタチで

「インサイト」そのものを調査にかけて、本当に消費者にそういう気持ちがあるのか、何%の消費者がそういう気持ちを抱いているのか、数量的に検証して確証を持ちたいという誘惑にかられることがあるでしょう。あるいは、組織の要請で、数字で立証しなければならない状況になることもあるでしょう。しかし残念ながら、インサイトを定量的に把握することは難しいと言わざるをえません。

まず、インサイトは、主に潜在意識に基づいています。ですが、そもそも調査では、顕在化している気持ちしか答えられないのです。

加えて、消費者は、深層心理を指摘された場合、それを認めたがりません。例えば、高級輸入車を買う理由。高級車に乗っている自分は、「社会的地位が高い」「金持ち」「センスがいい」などを示したいわけですが、そんな心理を認めるはずはありません。たいていが、後付けの理由である「機能的なスペックの高さ」「スタイリングのよさ」などを選んで答えるものです。

潜在意識を、写真などを通して数量的に把握する調査方法が開発されていますが、理解するのに専門知識が必要で、かつ費用が高いため、利用できる企業は限られます。また、「○%の消費者がそう思う」と答えた、「○%の消費者が買いたい」と答えた、といった旧来の調査手法しか知らない人が多い場合、調査結果を共有するのが難しくなります。

では、どのようにして、インサイトが正しいかどうか、消費者を動かす力があるかどうかを検証すればいいのでしょうか?

それは、インサイトそのものではなく、プロポジションに対する反応を見るのです。できれば、製品や広告、店頭など、具体的な実施案にして評価をとります。つまり、消費者にとって実感できてわかりやすい、見えるカタチにしてあげる。プロポジション（さらには製品案や広告案）を通してインサイトを評価するということです。

もし結果が悪かった場合は、インサイトが悪かったのか、プロポジションが悪かったのか、はたまた製品や広告が悪かったのか、要因を分析する必要がありますが、それでもインサイトを調査にかけて出てきた数字を見るよりは、何十倍も信憑性が高いといえます。

ここまで、さまざまなツールを見てきました。消費者のホンネを見つけ出す「発見ツール」、キーインサイトの仮説をつくる「仮説ツール」、インサイトからプロポジションを発想する「発想ツール」、そして、インサイトとプロポジションを検証する「検証ツール」。

いずれも、ひとりでプランニングするときに、力強い味方になってくれますが、チームやグループで使うと、さらにパワーアップします。

第2部「インサイト・ワークショップ」では、その方法をご紹介していきます。

第2部

インサイト・ワークショップ

すべての関係者を巻き込んで成果につなげる方法

chapter

5

インサイト・ワークショップの進め方

インサイト・ワークショップでは、これまで紹介してきたツールを包括的に使っていきます。プロジェクトにかかわるメンバーが、半日から数日間、ターゲット消費者になりきってインサイトを探り、その解決案としてのプロポジションを生み出し、多くの場合、新製品開発や流通施策、広告キャンペーン、ウェブサイト開発などの具体的なアイデア例まで考えていきます。

適している業種は、食品や日用品からプレミアム性が重要な高級品まで、直接消費者と接する業種はもちろんのこと、これまで技術革新が主導してきたＩＴ機器や携帯電話、

BtoBが中心となる事務機器などでも、性能や機能だけでは競合との差別化ができなくなり、インサイトからのアプローチをとる企業が増えてきました。

最近では、企業広報や環境活動の効果的なPRの仕方を探る、優秀な学生をリクルートするために学生のインサイトを見つけ出すといった、製品やサービス以外の用途でも、インサイトが使われてきています。

ワークショップで、関係者全員が方向性を共有できる

インサイト・ワークショップの利点は、いくつかあります。

まず、さまざまな部署からメンバーが集まるので、お互いが刺激し合い、新しい発見を呼んだり、新しいプロポジションを生み出したりすることができます。

さらに、メンバーに参加意識が芽生えます。人は自分の意見が少しでも反映されているものに愛着と責任を感じ、積極的に支持するからです。全社が旗印にできるコンセンサス（合意）を得て、さまざまな部門で「これはうまくいきそうだ」「じゃ、うちはこういうことをしよう」と意気込んで取り組んでもらう。よく、「私は聞いていない」といった意思決定者の無理解、「勝手に決められても、対応できない」といった部門間の軋轢がプロジェクトの行く手を阻むことがありますが、そういう障害を取り除くのです。
そうした効果があるからか、最近ではインサイト・ワークショップを、部門間の連携を強める、ビジネスの方向性を共有する、中間管理職がトップや他部門を巻き込むなど、社内の組織上の問題を解決するために開くケースも増えてきました。

ポイント
POINT

インサイト・ワークショップをどのように開催するか

このようにワークショップはさまざまな企業活動に生かせるため、取り上げるテーマは多岐にわたります。ワークショップの概要と併せて、ご紹介します（**図5-1**）。

メンバー構成：上から下まで、左右にも広げる

メンバーの人数はトータルで一〇～四〇名。五～七名単位に分かれてグループワークをします（聞いているだけの人が出ず、負担も少ない単位です）。グループ数は、複数の視点が欲しいので二グループ以上。発表や討論を考えると六グループぐらいまでが適当です。

図5-1　インサイト・ワークショップの概要

テーマ	・企業全体の方向性を消費者視点から見直す ・古びてきたブランド全体の再生や活性化 ・ブランドが今後めざすべき方向を決める ・消費者視点からのマーケティング活動全般（４Ｐ）の見直し ・２～３年先を想定したまったく新しい製品・サービスの開発 ・直近の新製品開発、パッケージ開発 ・年間コミュニケーション計画の策定、広告やキャンペーンの核となる活動の策定 ・ウェブサイトやウェブキャンペーンの開発 ・店舗開発、店内でのサービス方針の策定 ・サービスでの料金プランの設定 ・カタログ、ＤＭ、メールなどのコミュニケーションツールの開発 ・コールセンターの対応方針の策定　など
出席メンバー	・１０～４０名くらいがベスト ・さまざまな部門のメンバーと、意思決定者を入れる ・老若男女を混ぜる（特に若手と女性は重要）
必要な時間	・半日以上、２～３日（１セッションあたり２時間以上）
場所	・ビジネスモードからアタマを切り替えられ、消費者になりきれるところ ・ターゲットのいる場所でのオフサイトワークショップ ・会社の会議室なら、飾り付けをする。カジュアルな服装（スーツ厳禁）
ファシリテーター	・インサイトを深く理解しているあなたが、ファシリテーターになる ・ファシリテーション能力だけでなく、「インサイト発見力」が重要

参加者の部署や職種、年齢や役職はなるべく幅広くします。若手は業界の常識に染まっておらず、消費者に近い感受性が残っているので、ぜひ加わってもらいます。また、役職者が発言すると他のメンバーが萎縮する場合は、メンバーの発言から新しい視点やアイデアを発見するほうに注力してもらうとよいでしょう。女性は、さまざまな領域で生活実感を持っていることが多いので、半数以上を目指します。いずれも各部門の代表者に人選してもらうとよいでしょう。

最も成果を出しにくいメンバー構成は、（たいへん失礼ながら）中間管理職の男性ばかりのチームです。今までの業務経験に縛られて発想が広がらないことと、消費者になりきろうとしても、通常の仕事モードから抜け出せない人が多いからです。

また、意思決定者（トップマネジメント）を、ぜひ巻き込みたいところです。ほぼ間違いなく、あとで強力な味方となってくれるからです。私の経験からいうと、一度ワークショップに参加すると、次はいつやるんだ？　と楽しみにする方が多い。それは、消費者視点に立つことの重要性を実感できることに加え、たくさんの部署が考え方やプロセスを共有するため、部門長各々に指示を出すより、よっぽどモチベーションが高まることがわかるからです。

最初は「時間がない」「意味があるのか」などと難色を示されることもあるでしょうが、一度参加してもらえれば、しめたもの。その後のプロセスが順調にいくことうけあいです。

時間：ワークショップの半日が、今後の何十、何百時間を効率化する

ターゲット消費者になりきってインサイトを探るには、半日以上のまとまった時間が必要です。テーマやターゲット数によって、丸々二〜三日を費やすこともありますし、どんなに短くても、一セッションあたり二時間は絶対必要です。

というのも、インサイトを見つけ出しプロポジションとセットで仮説を立て、それを全部署で共有するために必要な時間だからです。単なるブレーンストーミングとは根本的に目的が違うのです。

最初に、全部署で考え方やプロセスを共有しておかないから、あとで、意見調整に四苦八苦したり、部門間のパワーゲームが起きたりするのです。最初のたった半日が、今後の何十、何百時間という開発時間を効率的にします。

場所：ターゲットになりきれる場所を準備する

ターゲットになりきるのに、最もふさわしい場所を考えましょう。

以前、携帯電話会社のティーン向けサービスを開発したときには、渋谷のカラオケボックスで開催しました。参加メンバーが即席カップルになって渋谷のＣＤショップやゲームセンターをまわり、「これって、インサイトかも」と思ったモノやコトを写真に撮ってカラオケボックスに集合したのです。結果は大成功。会議室で浮かばなかった視点が、どんどん出てきました。

このように、通常業務のプロセスや製品から離れるために、社外でワークショップを行うのも効果的です（オフサイトワークショップと呼びます）。

どうしても社内で行わなければならない場合は、少しでも発想が広がるよう、工夫してください。人というのは外的要因、環境に影響されます。会議室では、仕事モードから切り替えることが難しいのです。また、リラックスした楽しい状態ほど、アルファ波がよく出て、脳は柔軟に働きます。ですから、できるかぎり遊び気分を演出することが大切です。

例えば、会議室のテーブルに、カラフルなテーブルクロスをかけてみる。花を活けてみる。お菓子を並べる。壁に、楽しい写真を貼りつける。服装も、カジュアルに。特にスーツは厳禁です。着ている本人だけでなく、まわりのメンバーにも仕事モードが移ってしまいます。

こういう気分的な演出は、普段のビジネスでは後回しにされがちですが、あるかないかで成果がまったく違ってきます。だまされたと思って、ぜひやってみてください。

ファシリテーターは、あなた

ワークショップの結果は、ファシリテーターの力量にかかっています。一般的なファシリテーションスキルはもちろんのこと、なにより、インサイトについての理解が求められます。

ワークショップの最中には、インサイトの候補となるような新しい視点が、一度ならず必ず出てきます。まさに玉石混交。問題は、その発言や視点の斬新さに気づき、掘り下げるかどうかです。新しい視点を出すことより、実はそれを見極めることのほうが難しい。いい意見が出たとき、「あ、この考え方、おもしろいですね」と止め、そこに参加者全員を注目させ、「もっと掘り下げてみましょう」と誘導する。それがファシリテーターの最大の役割です。
よいファシリテーターは、自分の個人的なスキルを、組織の力に変えることができます。ひとりでは出せないような新しい視点を、いろいろな立場の人から引き出し、組織として取り組むことで、実際の活動に落とし込むことができるのです。

ポイント
POINT

開催からまとめまでの、基本的な流れ

それでは、インサイト・ワークショップの基本的な流れをご紹介しましょう（**図5-2**）。

ステップ① インサイト・ワークショップの案内

参加メンバーが決まったら、二週間前までに案内を出します。日常業務とは違う、新しい取り組みに、期待感が高まるよう工夫します。案内で伝える基本的な要素は、次の通りです。

・課題：このプロジェクトが何のために行われるかをはっきりさせます。

図5-2　インサイト・ワークショップの基本的な流れ

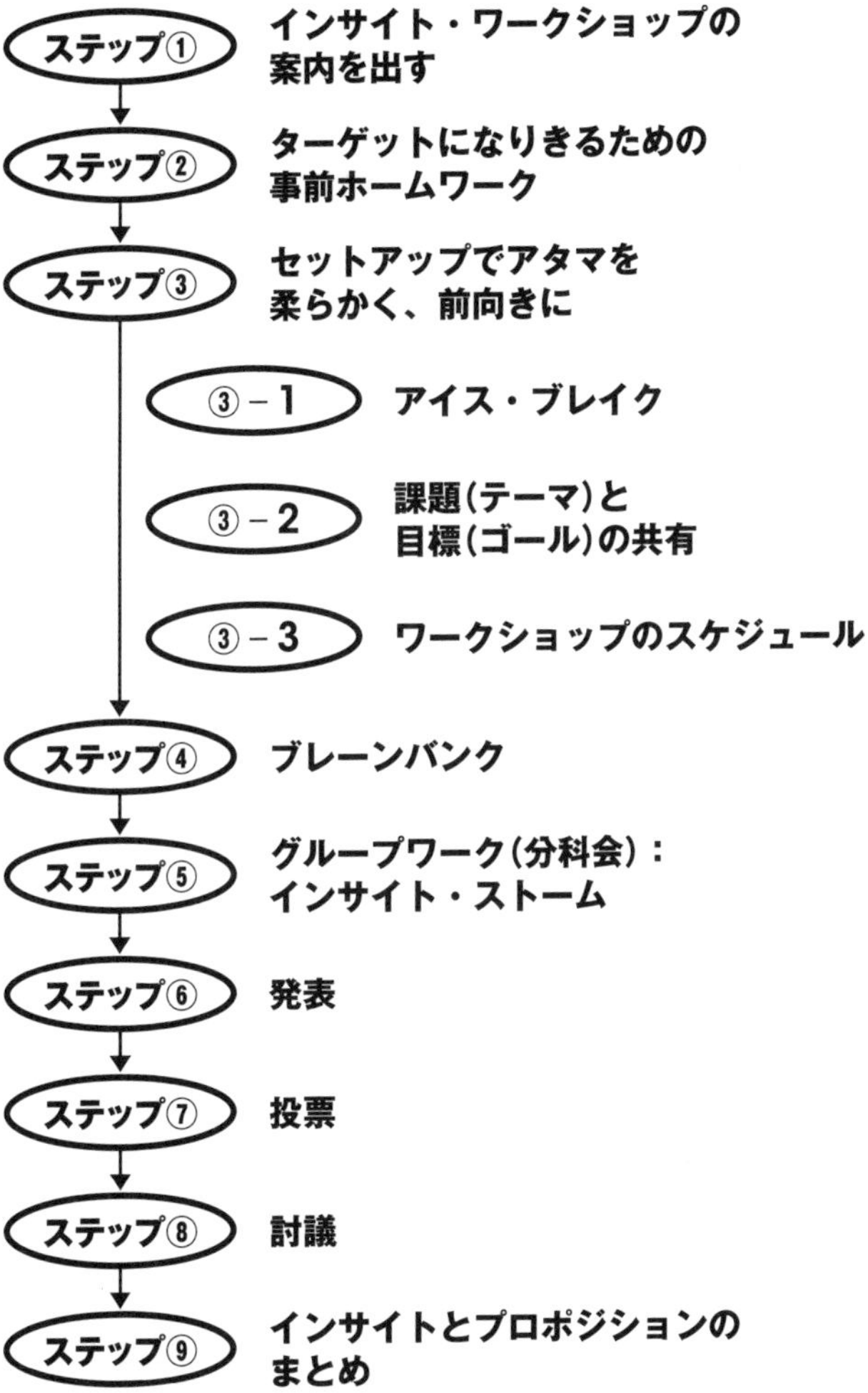
ステップ①
インサイト・ワークショップの案内を出す
ステップ②
ターゲットになりきるための事前ホームワーク
ステップ③
セットアップでアタマを柔らかく、前向きに
③－1
アイス・ブレイク
③－2
課題(テーマ)と目標(ゴール)の共有
③－3
ワークショップのスケジュール
ステップ④
ブレーンバンク
ステップ⑤
グループワーク(分科会)：インサイト・ストーム
ステップ⑥
発表
ステップ⑦
投票
ステップ⑧
討議
ステップ⑨
インサイトとプロポジションのまとめ

＊ステップ③は、参加者がほぐれる範囲内でできる限りコンパクトに。
＊１セッション（１テーマ、１ターゲット）につき、ステップ④～⑧までで、少なくとも２時間以上。ステップ⑤のみで1～1.5時間。

・目的：このワークショップでの成果物。例えば、主要な二つのターゲットグループのインサイトとそれに対応したプロポジション、といったもの。
・日程：大まかな時間割も設定されていると、ワークショップをイメージしやすく、安心感を与えます。
・場所：オフサイトだと、一気に期待感が高まります。
・参加メンバー：どういう部署、どういうメンバーが参加しているかで、人はそのワークショップや会議の重要性を判断します。部署横断的なメンバー構成やトップの参加は、全社的な取り組みを連想させます。一方、若手社員が参加することで、何かを決定するというより柔軟に意見を出し合うワークショップなんだという心構えができます。
・服装：カジュアルな遊び着を着てくるよう案内を出します。仕事モードから離れるためだという目的をしっかり書いておきます。
・持ち物リスト：当日持ってきてもらうものです。まず、「これがあるとリラックスできる」お気に入りグッズ。写真でもフィギュアでもぬいぐるみでも、お菓子や飲み物でも、なんでもかまいません。

そのほか、事務局で準備しておくものについては、**図5-3**にまとめました。

図5-3事務局で準備すべきもの

■ 大会場

テーブルなしで、イスだけを並べます。最初のオープニング、プレゼンや投票のときに全員が集合します。

ポイントは、模造紙を貼り出せる壁面が、いっぱいあること。なければ、チームの数だけ、白板や模造紙をかけられるイーゼルを用意します。

■ 小会場：グループワーク用。チームの数だけ部屋を用意

グループの数だけ、壁面かイーゼルのある会場が必要になります。隣のグループの話が聞こえてしまうので、大会場をパーティションで分けてシェアするのは避けましょう。

■ 大きめのポストイット

10×7㎝大のものと、15×10㎝大のものを２種類、色も何種類か準備します。「いっぱい出しているとき用」と「見出し用」など使い分けられるようにするためです。数は、人数×グループワーク数×1.5冊が目安です。

■ 太いマジックペン

ポストイットに文章を書くためのペン。遠くから読める太さで、人数分×１～２本ぐらい、黒・赤・青・緑の４色ぐらいで用意します。

■ 模造紙セット

セッション数×グループ数×７枚＝合計枚数、用意します。模造紙を貼るセロテープ、ガムテープなども必須です。

■ カラーシール

投票用のカラーシールを用意します。直径15㎜程度の丸いシールで、赤、青、黄（または黒）の３色を用意します。枚数は、赤と黄シールが、セッション数（投票回数）×人数分。青シールは、ひとりあたりの持分が３枚なので、赤・黄の３倍の枚数を用意します。

■ 雑誌類

ターゲットが読むであろう雑誌を数種類、用意します。アイデア出しが行き詰まったときにぱらぱらめくる、あくまで補助的な資料です。

ステップ②

ターゲットになりきるための事前ホームワーク

ワークショップでターゲット消費者になりきろうといっても、なかなかできない人がいるため、前もってその準備をしてもらいます。

身近な人でターゲットにあたる人がいれば、その人にアクセスして話を聞いたり、行動をともにしたりします。あるいは、ターゲットの集まっている場所に出かけます。

また、実際の消費の場で、ターゲットがどのように行動しているか観察してみるのもお勧めです。例えば、シニア世代は孫と買い物に行っていると、お菓子に関してはまったく孫の言いなりになっている、といったことが見えてきます。

少なくとも、ターゲット向けの雑誌やウェブサイト、ブログぐらいは目を通しておいてもらいます。ただし、これらの情報は、第三者の目を通したものなので、評論家目線になる恐れがあります。仮説ツールで行ったように、ターゲット消費者になりきって、「売れている理由」ではなく、「買うときの気持ち」を探るようにしましょう。

このホームワークの真の目的は、ターゲットの気持ちになってモノを見る練習をしてもらうこと。そして、ターゲットについてのナマの情報や気づきを持ち寄ってワークショップで発表してもらい、グループワークでの刺激にすることです。

ステップ③ セットアップでアタマを柔らかく、前向きに

ステップ③以降が、ワークショップ当日となります。全員が、大会場に集合します。最初にどれだけリラックスした雰囲気を作り出せるかが、ポイントです。

③—1 アイス・ブレイク

社内のメンバーばかりであっても、まず全員に自己紹介をしてもらいます。名前と所属部署、担当している仕事だけでは場がほぐれない（アイス・ブレイクにならない）ので、持ってきてもらった「お気に入りグッズ」の話をしてもらいます。趣味のことなどから、その人の意外な面が見えてきます。

自己紹介が終わったら、必ず拍手をしてください。話した人の気持ちが前向きになり

図5-4　アイス・ブレイクの方法

■ 24時間以内にあったよかったことや新しい発見を話してもらう

ポジティブなことをみんなで言い合うことで、場の雰囲気がよくなります。

■ ボールを持って自己紹介

みんなで大きな輪をつくります。ボールを持っている人が自己紹介をしたあと、次に話してほしい人にボールを投げる。これを全員終わるまで行います。チームとしての連帯感が出ます。

■ ミニゲーム ：「レンガ」の用途を２分以内に、できるだけ多く出す

答えはなんでも、いくつでもかまいません（ダンベル代わり、文鎮、枕、ブックエンドなどなど）。お題も、レンガでなくてもかまいません（ゼムクリップとか椅子とか）。頭の体操になるので、途中で疲れが見えてきたときの気分転換にも有効です。

ますし、場の空気が和み、仲間意識が生まれてきます。ワークショップは、インサイトやプロポジションの方向性を全部署で共有することを目的としているので、こうした場の共有感は欠かせません。

ほかにも効果的なアイス・ブレイクの方法を、**図5-4**にまとめました。いずれの場合も、ひとりひとりの話が長すぎるとだらけてしまいますので、ご注意ください。

③-2 インサイト・ワークショップの課題（テーマ）と目標（ゴール）

アイス・ブレイクで場が和んだら、さっそく本題に入ります。まず、全体的なビジネスの目標や課題、あるいはプロジェクト全体のフレームワークを話し、その中で、このインサイト・ワークショップがどういう位置づけにあるかを話します。ここについては、プロジェクト全体を見ているリーダーか経営層の方に話してもらうのがよいでしょう。

次に、それを受けて、このワークショップで取り組む課題（テーマ）と目標（ゴール）は何か、具体的にどんなアウトプットを出すのか、全員で共有できるようにします。

そのうえで、その後のステップについても説明します。例えば、「このワークショップではインサイトとプロポジションをもとに新製品アイデアまで出しますが、製品の実現性については、あとで製品開発部が技術面を検討します」などなど。全体像がわかれば、「技術面をあとで検証するなら、ワークショップの段階では縛られなくていい」といった心の準備ができるからです。

ご参考までに、セットアップの例を挙げてみます。①②は、リーダーか経営層の方が話し、それを受けるかたちでファシリテーターがつないでいくのがスムーズです。

①全体的なビジネスの課題：ブランドが古くなってきて、ユーザーの大半を中高年が占めるようになった。ブランドの将来を考えて、若い層を取り込みたい。
②ワークショップの課題（テーマ）：二〇代のファンをつくる。
③ワークショップの目標（ゴール）：二〇代の「インサイトとプロポジション」の仮説、それを実現するための具体的な活動案（製品、コミュニケーションなど）を、発想ツール5のテンプレートを参考に、三セット以上開発する。
④次のステップ：このワークショップで出た「インサイトとプロポジション」は、具体的な新製品案やプロモーション案のかたちにして、二〇代にどう受け止められるか調査する。

③-3 インサイト・ワークショップのアプローチ方法とスケジュール

インサイトとは何かをよく知らない人がいる場合は、簡単に概要を話します。すでに理解しているメンバーばかりの場合でも、アプローチ方法を簡単にリマインドしましょう。主なポイントは、「ターゲットになりきる」、理屈と客観性を捨てて「インサイト・アタマになる」、「謎解き、ゲーム気分で」新しい視点や発想を出す、「知識や思い入れを捨てる」などです。

セットアップができたら、スケジュールを説明します。二日間のワークショップであれば、二日分のスケジュールを話したあと、今日の予定を話します。時間の目安については、テーマやターゲットによっても異なりますが、簡単な目安は前出の図5―2を参照してください。

ステップ④ ブレーンバンク

ここからが、具体的なワークショップの始まりです。

まず、ターゲット消費者についての特性をざっとプレゼンします。話し手は、ファシリテーターでも調査部など専門部署の方でもよいです。参加者に、ターゲットの特性やトレンドを大きくとらえてもらうためのもので、社内にある情報やデータを共有する狙いもあります。

次に、ホームワークで取り組んでもらった、ターゲット消費者についての気づきを発表してもらいます。全員に発表してもらうのがベストですが、参加者が三〇名以上と多い場合は、消費者セグメントごとに割り振ってください。

そのとき、参加者は単に発表を聞いているだけでなく、それを聞いて得た気づきをポストイットにどんどん書いて、壁の模造紙やホワイトボードに貼っていきます。この聞き方を「アクティブリスニング」といい、貯まっていった気づきの集まりを「ブレーンバンク」と呼びます。せっかくのいい発言や気づきを、その場限りで消えないようにするためです。これがみんなの刺激となり、次のグループワークをより有意義なものにします。

これが、2章の仮説ツール2のスタートになります。気づきをいっぱい出して、グルーピングし、見出しをつけることで、インサイトに近づいていきます。

ステップ⑤ グループワーク（分科会）：インサイト・ストーム

ここから少人数のグループに分かれ、インサイトとプロポジションのセットをつくる「インサイト・ストーム」のセッションに入ります。大人数だと発言者が限られてしまうし、いかにも発表という感じで、気軽に話し合えないからです。

チーム分けは、メンバーがバラエティに富んでいるようにします。優先順位は、まず部署、次に男女、そして年齢、役職になります。特に上司、部下の関係にあるメンバーが同じチームにならないよう配慮します。何かと気を遣いますし、考え方が偏る恐れもあります。

また、リーダーとサブリーダーを、あらかじめ決めておきます。基準は、みんなの意見をうまく引き出しながらまとめられるかどうか。高圧的に自分の意見を通してしまう人が最も向いていません。まとめられなくても、気持ちをうまく引き出せる人のほうがよいです。

チームに分かれて小会場に入ったら、さっそくターゲットになりきって、気持ちを出していきましょう。まずは、インサイトの抽出に全力をあげます。テーマに応じて、発見ツールや仮説ツールを、駆使します。そして、ある程度インサイトの候補が出てきたら、発想ツールを使って、インサイトとプロポジションのセットをつくっていきましょう。

なお、発言するときは、言いっ放しにしないで、自分自身でポストイットに内容を書いて貼り付けます。あとで見て意味がわかるように、ある程度センテンスにします。単語だけのメモでは、あとで見たときに意味を読み取れないことがあるからです。

ファシリテーターは一五九ページで説明したように、新しい視点や発想を目ざとく「見つけて」みんなをそこに「注目させて」、「掘り下げる」というディレクションを行います。また、「それぞれが個別に気持ちを書き出す」「グルーピングする」「キーインサイトをつくる」など、ステップごとに目標を決め、全員が同じことに集中できるようにします。

時間配分は、一セッションあたり（一ターゲットあたり、もしくは一テーマあたり）二〜三時間が標準です。ここには、ステップ⑧の討議までが含まれます。したがって、インサイト・ストーム自体は、一〜一・五時間くらいが目安となります。

ステップ⑥ 発表

再び大会場に集まって、各チームからグループワークの結果を発表してもらいます（具体的なイメージは6・7章をご参照）。時間は五〜一〇分程度が適当です。プレゼンの順番は指名でもじゃんけんでもかまいませんが、あとの投票に備えて他のチームの発表をしっかり聞いておくよう、伝えておきます。

発表する人は、各チーム一〜二名、発想ツールでまとめた「インサイトとプロポジション」、仮説ツール2のグルーピングや見出しを書いた模造紙などを壁に貼り出し、ターゲットの気持ちになりきって説明します。具体的な気持ちやシチュエーションを交えて話すと、どういうインサイトを、どういうプロポジションでとらえようとしているかが、よく伝わります。

プレゼンが終わったあとは、発表者以外のチームメンバーに言い足りなかったことはないか、ファシリテーターが確認します。こうした細やかなフォローは大切です。その後、他のチームからの質問を受け付けますが、あくまで、わからなかったポイントを聞くにとどめます。コメントしてはいけません。そして、発表したチームを盛大な拍手でねぎらいましょう。

　こうして全チームから発表してもらいます。インサイトやプロポジションが前の発表と重複しても省略せず、きちんとプレゼンしてもらいます。同じような方向であっても、目の付け所が違ったり、表現が違っていたりするからです。

ステップ⑦ 投票

　全チームのプレゼンが終わったら、投票に入ります。どのインサイトやプロポジションがいいと思ったか、貼り出された模造紙にシールを貼っていきます。ひとりあたり、三種類五枚のシールが持ち点です。

赤シール1枚：一番よかった案に貼ります。

青シール3枚：次によかった案三つに貼ります。

黄（または黒）シール1枚：突飛でリスクがあるが、捨てがたいユニークな案に貼ります。

投票先は、模造紙に書かれた、もしくはポストイットに書かれたすべての要素が対象です。キーインサイトに行く前のターゲットの気持ちでも、プロポジションから出てきた具体案でも、単に「この言葉に一票」でもかまいません。どこに心を動かされたのかがわかればいいのです。

ここであえて投票する理由は、多数決で決めるためではありません。以下のようなメリットがあるからです。

・全員に参加してもらえること。自分も評価に加わったという実感が、納得感を生み出す（たとえ自分が投票した案が生き残らなかったとしても）。
・人の意見に左右されず、自分の考えを表明できる。
・多くの人が投票した案には、何かしらの魅力や可能性が秘められている。大きな方向性を知るうえでの参考になる。
・少数意見も、際立った存在になる。ひとりだけが投票した「はぐれ赤シール」などは、たくさんの票を集めた案と同じくらい大切に検討される。

ステップ⑧ 討議

ファシリテーターは、票の集まり具合をざっと見渡して、概要を把握します。一般的にどういうことがわかるかは、**図5-5**を参照してください。

そして、票の集まった案から話題にしていきます。「これは、キーインサイトに集まりましたが、投票した人は手を挙げてもらえますか？　どういう点がいいと思いましたか？」などとコメントを求め、他の人にも発言を促します。同じ意見であっても、その人なりの考えを話してもらいます。

得票の少ない案ほど、慎重に理由を聞いてください。特に、赤シールの「はぐれ一票」には要注意。一名だけ、特別な思い入れをその案に持ったのですから。黄（または黒）の得票を集めた案は、単におもしろくて人気が出たのか、そこに本質的なものが隠されていないか、見極めます。

インサイトとプロポジションをまとめる道筋が見えるまで、みんなに質問をしたり、いろいろな意見やコメントを求めたりするようにしましょう。

図5-5　投票結果からわかること

■ インサイトとプロポジションの両方に票が集まったもの

インサイトとしての視点も新しく、提案としてのプロポジションも斬新で的を射たものが多い。

■ インサイトに票が集まったものの、プロポジションには票が集まらなかったもの

インサイトに可能性はあるが、ホットボタンを押す提案にまで落とし込めていない。もしプロポジションが出ればすばらしいセットになりうるが、出なければ、そのインサイトは捨てることになる。

■ インサイトに票が集まらなかったのに、プロポジションには票が集まったもの

どういうインサイトを突いているから、このプロポジションは魅力的なのかをさかのぼって考える（仮説ツール6を参照）。その結果、インサイトも斬新なものにできれば強いセットになるが、そうでなければプロポジションが単に気の利いた言葉で表現されているだけ、ということも。

■ キーインサイト以外のターゲットの気持ちに票が集まった場合

キーインサイトのまとめ方に問題があったときに起きるケース。票の集まった気持ちがキーインサイトではないか、あるいは今のキーインサイトを具体的にできないか検討する。

■ プロポジション以外の、具体案だけに票が集まった場合

その具体案はキラーアクティビティになる可能性あり。具体案とインサイトの両方からプロポジションを見直すか、具体案からインサイトにまでさかのぼって考え直してみる。もし、具体案がインサイトともプロポジションとも結びつかなければ、単におもしろいだけということも。

■ 黄（または黒）シールが集まった案

みんなが気になるだけの魅力を持った案。どこかで本質的なものをとらえている場合が多いので、どういう視点や発想がおもしろいのか、慎重に見極める。

■ ひとりだけが投票した案

投票者に聞いてみる。発案者さえ気づいていなかった可能性を見出していることがよくあります。

ステップ⑨

インサイトとプロポジションのまとめ

ワークショップを終えたら、コアチームでインサイトとプロポジションをまとめます。

①似たものをまとめる

・似た視点のインサイトをまとめる。

・似た方向性のプロポジションをまとめる。

②セレクトする

・プロポジションは、魅力的か？　具体的な施策案が出るか？　製品カテゴリーや担当ブランドの特徴や強みと、結びついているか？

・インサイトは、プロポジションや具体的な施策案から評価する。インサイトに新しい視点があり発想を刺激していれば、魅力的なプロポジションになっているという考え方をとる。

③書き直す（ワークショップに参加していない人にもニュアンスが伝わるように）

・インサイトは、消費者の実感がこもったナマの表現のまま、本質を突いたものにする。
・プロポジションは、わかりやすく、かつ、さまざまなアイデアが発想できるよう具体的に表現する。ただし、中長期的な広がり、戦略的な視点を加味する。消費者調査でチェックする場合は、消費者にも理解できる表現を考える。

ワークショップの参加者には、まとめた基準を含めて結果を共有することをお忘れなく。あれだけ時間を割いて考え出したインサイトやプロポジションが、はっきりした理由もなく不採用となっていたら、モチベーションが下がるからです。さらに、次のステップ（この仮説を消費者調査で検証する、具体的なアイデアについて実現可能かを検討する、など）を明示し、その結果もシェアしていきます。

では、次章から、インサイト・ワークショップの実例を紹介しましょう。

chapter

6

実況中継 ヒューマン・インサイトを探す

6章・7章では、インサイト・ワークショップをどのように進めていくか、実際に行った演習をもとに、雰囲気を見ていただきます。前章で紹介した「基本的な流れ」（一六一ページ参照）のうち、主にステップ④以降が中心となります。

参加者は、定期的にマーケティングの勉強会を開いている、業種横断的なメンバー一五名。**二〇代後半から三〇代が中心で、男女比率はほぼ半々です。**

実際には、年齢はもっとバラエティに富んでいたほうがよい。

課題の設定：料理教室の生徒数を増加させる

まず、**ワークショップの課題**を設定します。プロ向けではなく家庭料理を教えるある料理教室では、生徒数が頭打ちになっており、業績が停滞している。新たに男性の生徒を獲得して、売上げ増加を図りたい。そのため、男性のインサイトを見つけようというものです。

花嫁修業で料理を習う女性は減る一方ですし、生徒は、料理が趣味の人、あるいは趣味にしたい「料理好き」な人に限られています。その一方で、男性で料理を習う人は増えてきているとはいえ、まだまだ少数派。この状況を打ち破り、大幅に生徒数を増やしたいということです。

戦略のオプション（代替案）としては、料理教室に来ていない独身女性、あるいはシニア世代など他の女性層をターゲットにすることもできますが、ここでは、最も料理教室から「遠い」男性をターゲットとします（インサイト発見のプロセスが最もわかりやすいので）。

このワークショップでは、キーインサイトとプロポジションを導き出し、新しいプログラム（コース・内容など）を企画、広告プロモーショ

課題はいつでも、できるかぎり明確に。

例えば、「既存顧客での売上げを増やす」（客単価を上げるなど）、「新規顧客を獲得する」（潜在顧客を取り込む、競合の顧客を奪う、など）の二つの軸から、競合状況や自社の強みなどを加味して多面的に考えます。

ン（告知案など）を考えるところまでを目標としました。

まずヒューマン・インサイトからアプローチする。なぜか？

ヒューマン・インサイトは、作り手発想ではたどり着けない新しい視点をもたらしてくれるからです。もし、今回の課題をインサイトなしに考えたとすると、すべてが料理教室という商品を起点にしたものになるでしょう。

・男性だけのコースをつくろう。女性に混じって料理を習うのはイヤだろうから。
・ネーミングは「大人の男の料理教室」とか、シブくていいかも。
・先生は、男性のほうが抵抗感がないかな。それとも、美人の先生？
・料理の種類を男性向けにしよう。ガッツリした肉料理とか、年配向けなら「蕎麦」コースとか。

どれも今までの料理教室を、男性向けにアレンジしただけの、典型的な「作り手発想」なのですが、現実には「今までの女性向け料理教室と比べればだいぶ男性向けになった、これで男性に受けそうだ」と満足してしまうことが多いのです。

しかし、実際にこの商品が売り出されたとき、ターゲットの目にはどう映るでしょうか。ターゲットは、仕事や趣味、恋愛など、日常生活の中でさまざまなことに関心を持っています。その中で、この料理教室に興味を持つでしょうか。お金と時間を使ってでも通ってみたいと思うでしょうか。

つまり、どうすれば料理教室がこれらの関心事の中に入るかを考えることが大事なのです。

こうしてみると、先ほどの作り手の視点がいかにピント外れか、おわかりいただけるでしょう。新しいターゲットに提案を行うには、ヒューマン・インサイトが欠かせないのです。

二つのターゲットグループのインサイトを探る

ひとくちに男性の生徒を開拓するといっても、幅が広すぎます。ターゲットになりきるために、このワークショップでは次の**二つの世代に絞り、両方を一日で取り組むことにしました。**

・シニア男性：五五～六五歳の定年前後。子供は独立しており、妻と二人暮らし。最近、孫ができた。

・独身男性：二五～三五歳あたり。一人暮らし。

アクション
ACTION

シニア男性のインサイトを探る

参加者全員で「アイス・ブレイク」と「課題と目標の共有」を行ってから、ブレーンバンクに入ります（ステップ④）。

まず、事前準備のホームワークについて、シニアに関する記事の切り

一日二セッションを行う場合、一セッションはだいたい二時間（グループワークが九〇分、発表・投票・討議が三〇分）となる。ワークショップで取り上げる世代が、ターゲットとしてポテンシャルがあるかどうか前もって確認しておく。

抜きや撮ってきた写真を見せながら発表し合います。気になったことは、その場でポストイットに書きとめて（アクティブ・リスニング）、気づきを蓄積していきます（ブレーンバンク）。

ステップ⑤ グループワーク：インサイト・ストーム

次にグループワークに入ります。今回は参加者が一五名だったので、**「ウニさんチーム」「トロさんチーム」**の二グループに分けました。

まずはグループのメンバーで、シニアについて気づいたことを出し合います。自分の意見をポストイットに書きまくり、どんどん模造紙に貼っていきます。チーム全員で見渡せ、シェアできることが重要です。

出てきた視点を、ざっと見てみましょう（**図6-1**）。「熟年離婚が怖い」「奥さんが強い！」、「作るのが好き」「手づくりが好き」「野菜も手づくり」、「自然」「温泉」が好きで「海外旅行も好き」、「昭和が懐かしい」など、いろいろあります。

グループワークの時間配分は、次のとおり。
・視点出し二〇分
・グルーピング一〇分
・インサイト抽出二〇分
・プロポジション発想二〇分
・具体案出し二〇分

仕事モードに戻らないよう、チーム名もあえてカジュアルに。

図6-1　アクティブ・リスニングとブレーンバンク

ポストイットがガンガン貼られた状態

例えば二〇分間と時間を決めて、とにかく数を出すことに集中し、視点の幅を広げます。そのとき、注意するのは、あくまでターゲットになりきることです。

このワークショップでは、参加メンバーが二〇～三〇代に偏っていたのでシニアになりきることが難しく、ややもすると、「シニアってこうだよね」「っていわれてるよね」という評論家目線になりがちでした。ファシリテーターは、メンバーが分析的になっていると感じたら、もう一度ターゲットになりきるよう、引き戻しましょう。

また、なかなか視点が出てこないときは、ファシリテーターが次のような答えやすい質問を出して、セッションを活性化します。

・(ターゲットである私は、) 何をしている?
・(ターゲットである私は、) 何が好き?
・(ターゲットである私は、) 何に興味や関心がある?
・どういう気持ち (願望や不安など) があるから、そういうことをした

逆に、ターゲットが自分の世代そのものだと、細かい心理までわかるぶん、本質的な気持ちを見失ってしまうこともあります。

り、好きになったりするのか？

グルーピングと見出し

ある程度ポストイットが貯まったら、グルーピングし、仮説ツール3を使って、見出しをつけていきます（**図6-2**）。

今までに書き出したポストイットを、はがしたり、移動させたりして、グループにまとめ、「見出し」をつけていきます。ファシリテーターがその場を代表して書き込むことが多いです。

見出しをつけるときは、くれぐれも抽象的にならないよう、注意してください。ターゲットの気持ちが実感できるような、具体性のある書き方にします。ターゲットが実際に使っていそうな言葉で表現するのも効果的です。

キーインサイトを抽出し、プロポジションをセットで出す

グルーピングしたポストイットから代表的な表現や見出しなどを抜き

図6-2　グルーピングと見出し

グルーピングして見出しをつける

出し、発想ツール1で使ったテンプレート（一〇二ページ参照）に沿って、キーインサイトとプロポジションを考えていきます。

まずは、ターゲットの気持ちをもとに、その中心に来るキーインサイトを抽出しましょう（**図6-3**）。ここからプロポジションを考え、「キーインサイトとプロポジション」のセットをいくつか出せるよう、グループで話し合ってみてください。

そして、発想ツール5（一三五ページ参照）を使って、プロポジションから具体策のアイデアを出していきます。

ステップ⑥ 発表：ウニさんチーム、その1

いよいよグループワークの発表です。各チームで導き出した「キーインサイトとプロポジション」のセットを、**他のチームにプレゼン**していきます。今回は、各チームから二セットずつ、案が出てきました。

プレゼンに対して質問はしてもよいですが、コメントや討議は避けましょう（投票に影響を与えてしまうので）

図6-3　テンプレートに貼り込む

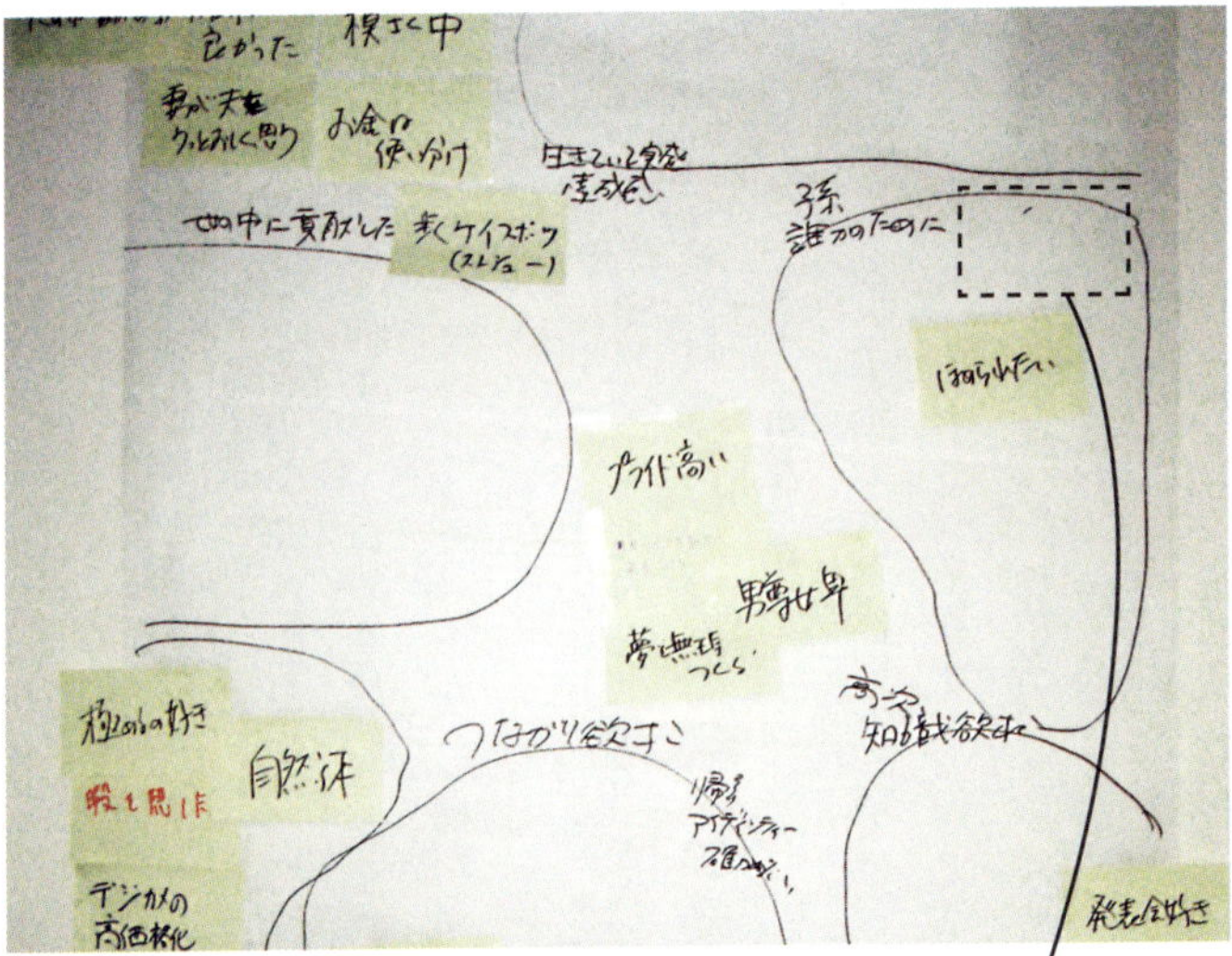

グルーピングの中からキーワードを抜き出し…

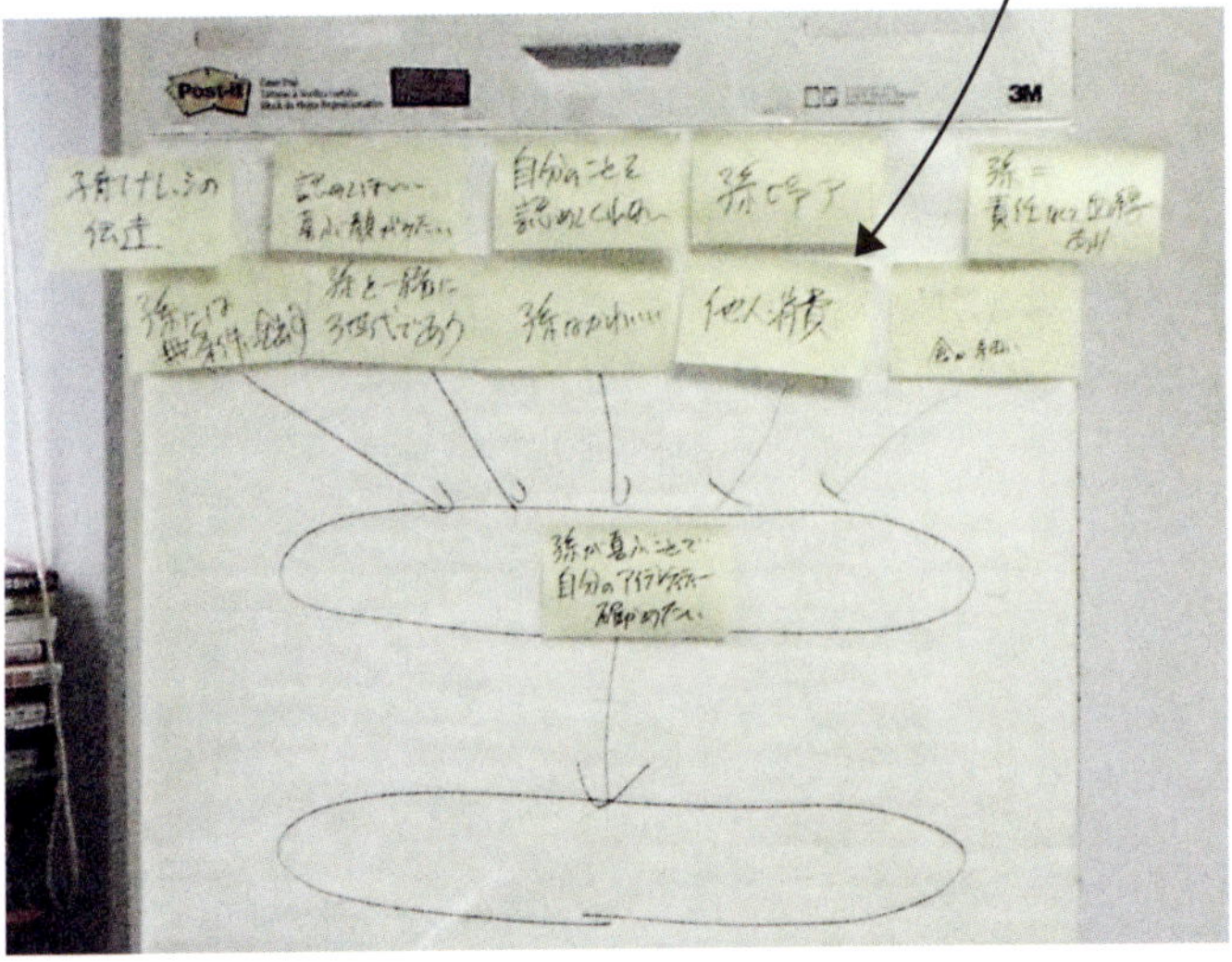

テンプレートに貼り込む

最初の案が、「孫・誰かのために」でくくられた気持ちに注目したプロポジション、「孫にプレゼントできる料理教室」です。

孫はとにかくかわいいし、孫には無条件にお金を出す。孫はピュアな存在で、接していると自分まで純粋になってくる。孫が喜んでくれるとうれしくなるし、何より、自分の存在意義を確かめることができる。そこから導き出したキーインサイトが、「孫が喜ぶことで、自分のアイデンティティを確かめたい」です。

そして、そのインサイトを受けて開発したプロポジションが、「孫にプレゼントできる料理教室」。孫のため、孫を喜ばせるために料理をつくるという提案です（**図6-4**）。

プロポジションを実現する具体案としては、子供のイベントに合わせたメニューを、料理教室でつくろうというアイデアが出ました。例えば、運動会のときに一緒に食べるお弁当、クリスマスや七夕、誕生日をお祝いするときの料理をメニューにするわけです。また、子育ての知識や経験を、息子（娘）夫婦に伝えたいという気持ちをとらえて、「食育」料

図6-4　発表その1
「孫にプレゼントできる料理教室」

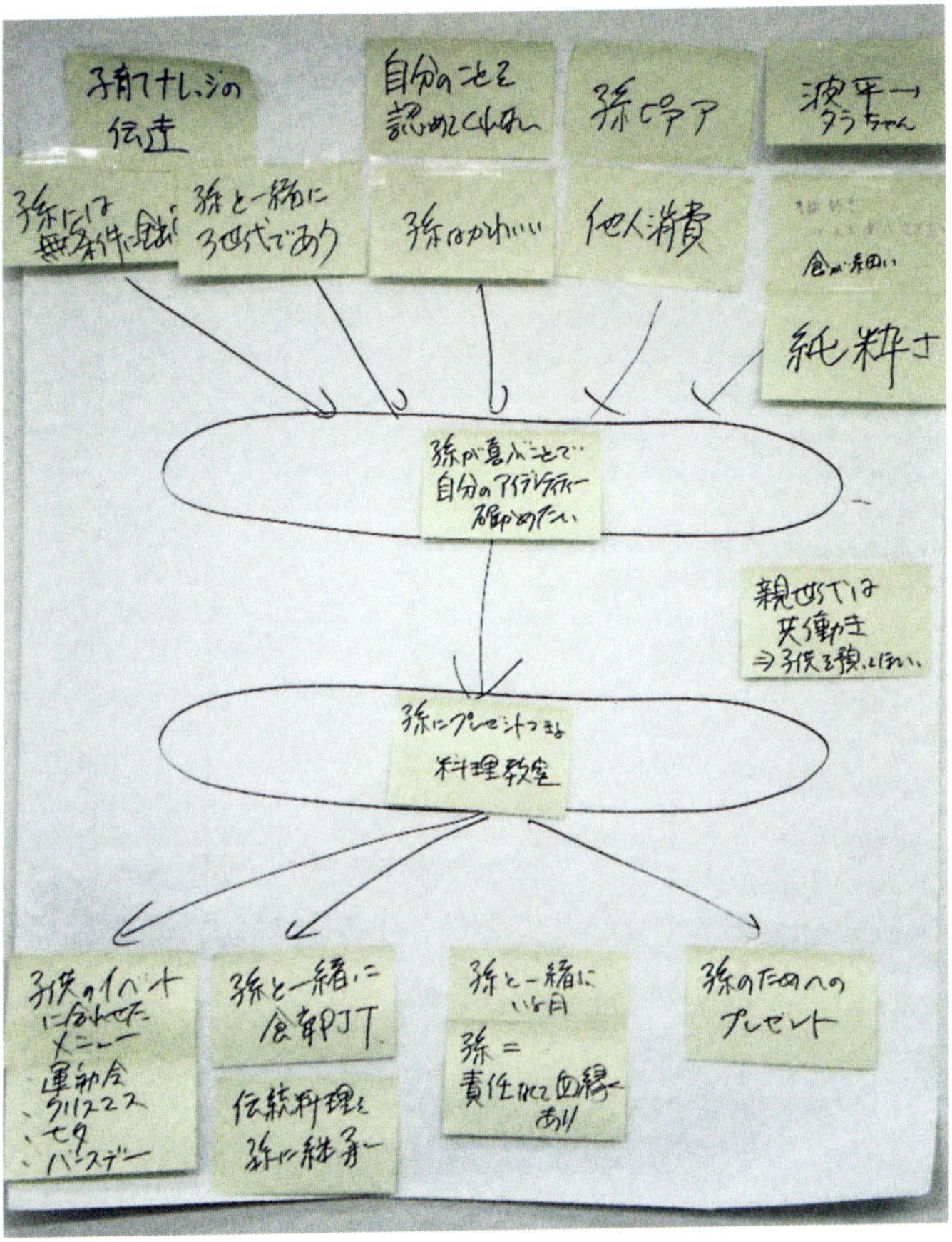

理教室に、三世代で通うというのもあるかもしれません。

また、別の側面から「伝えたい」という気持ちをとらえたのが「孫に伝える伝統料理」です。ただ、すでに知っているレシピを習うために、わざわざ料理教室に通うかどうか……。また、自分のお気に入りの料理を孫に押しつけることにならなければよいのですが。

ステップ⑥ 発表：ウニさんチーム、その2

続いて、もうひとつのセットが、「生きている実感」で括られた気持ちと、「つながり欲求」でくくられた気持ちの二つに注目したプロポジション、「素材の生産・収穫から楽しめる体験型料理教室」です。

まず「生きている実感」。シニア男性が思っていること。それは、今まで会社時代にはできなかったことにチャレンジしたいという熱い想い。本物を極めるのが好きだし、男のロマンみたいなものを感じる。そうしたチャレンジが目に見える成果になったとき、生きている実感がわく。

そして「つながり欲求」。生きている実感は、人とのつながりの中で特に強く感じられる。退職して社会的な地位を失っているし、ご近所付き合いや同好のコミュニティの中に身をおくと安心できるというホンネがあります。

キーインサイトは、二つの掛け合わせとなっていますが、ひとことで言うと「今までできなかったことにチャレンジして、目に見える成果を出して生きている実感を持ちたい」となります。

そこから出てきたプロポジションは、「素材の生産・収穫から楽しめる体験型料理教室」。料理に使う野菜などの素材を自ら育て、収穫し、それをもとに料理をする。すべてのプロセスまでも楽しめる体験型の料理教室というものです（**図6-5**）。

これを具体化したアイデアが、「シニア版ダッシュ村」といった感じのコミュニティで素材を育てるという体験プログラム。今まで会社勤めをしていてはできなかったことへのチャレンジです。また、ひとりではなくたくさんの人間と共同作業をし、成果を共有することで、喜びや感

掛け合わせるとインサイトのセンテンスが長くなるため、一番大事な要素を抽出する必要がありますが、このセットのように、何を提案しようとしているかが明確であれば大丈夫です。

図6-5　発表その2
「素材の生産・収穫から楽しめる体験型料理教室」

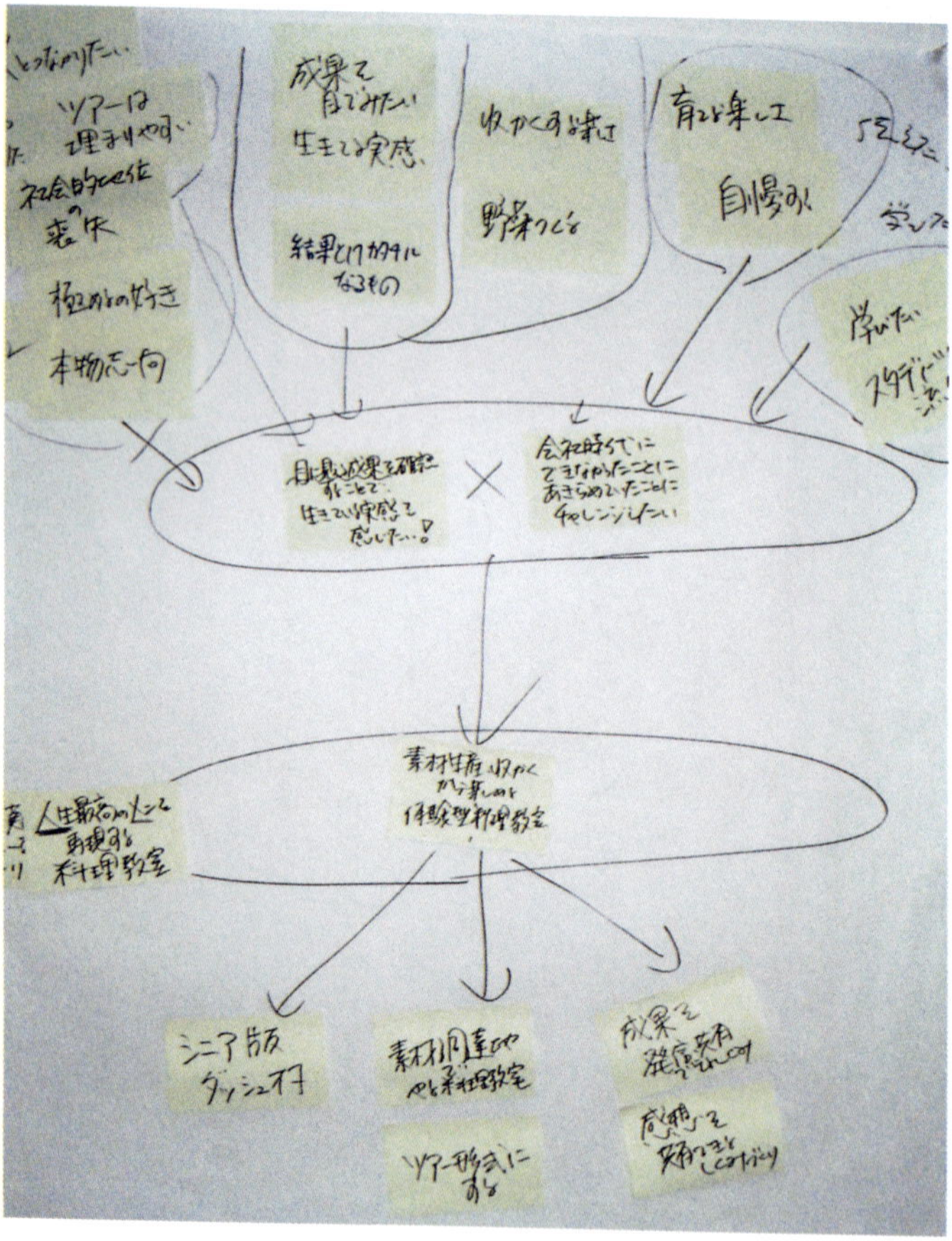

動も倍増。生きている実感を持つことができるというわけです。

ステップ⑥ 発表：トロさんチーム、その1

次に、もうひとつのチームから発表してもらいます。ひとつめが、「手作りが好き」「昭和的」といった嗜好に注目したプロポジション、「種から、食卓まで」です。

シニアが家庭菜園をいいと思うのはなぜか？ 野菜なども含めて、手作りが好きだし、これまでずっと、モノづくりを尊んできた。また、それは昭和的なにおいがして懐かしい感じがする。そこから**「目に見える成長、かつバーチャルではなくリアルなものに労力をかける」**というキー**インサイト**が出てきました。

これを受けたプロポジションが、「種から、食卓まで」という提案です（**図6-6**）。具体案としては、地方自治体と連携して、自家菜園を持つことなどが考えられます。そこで種をまき、育て、収穫した材料を、

キーインサイトは、抽象的すぎますが、プロポジションが具体的なので、セットとして成立しています。こういう場合、インサイトを「手作りが好き。だから、野菜だって、自分で手作りしたい」というように具体的に書き直します。

図6-6　発表その3
「種から、食卓まで」

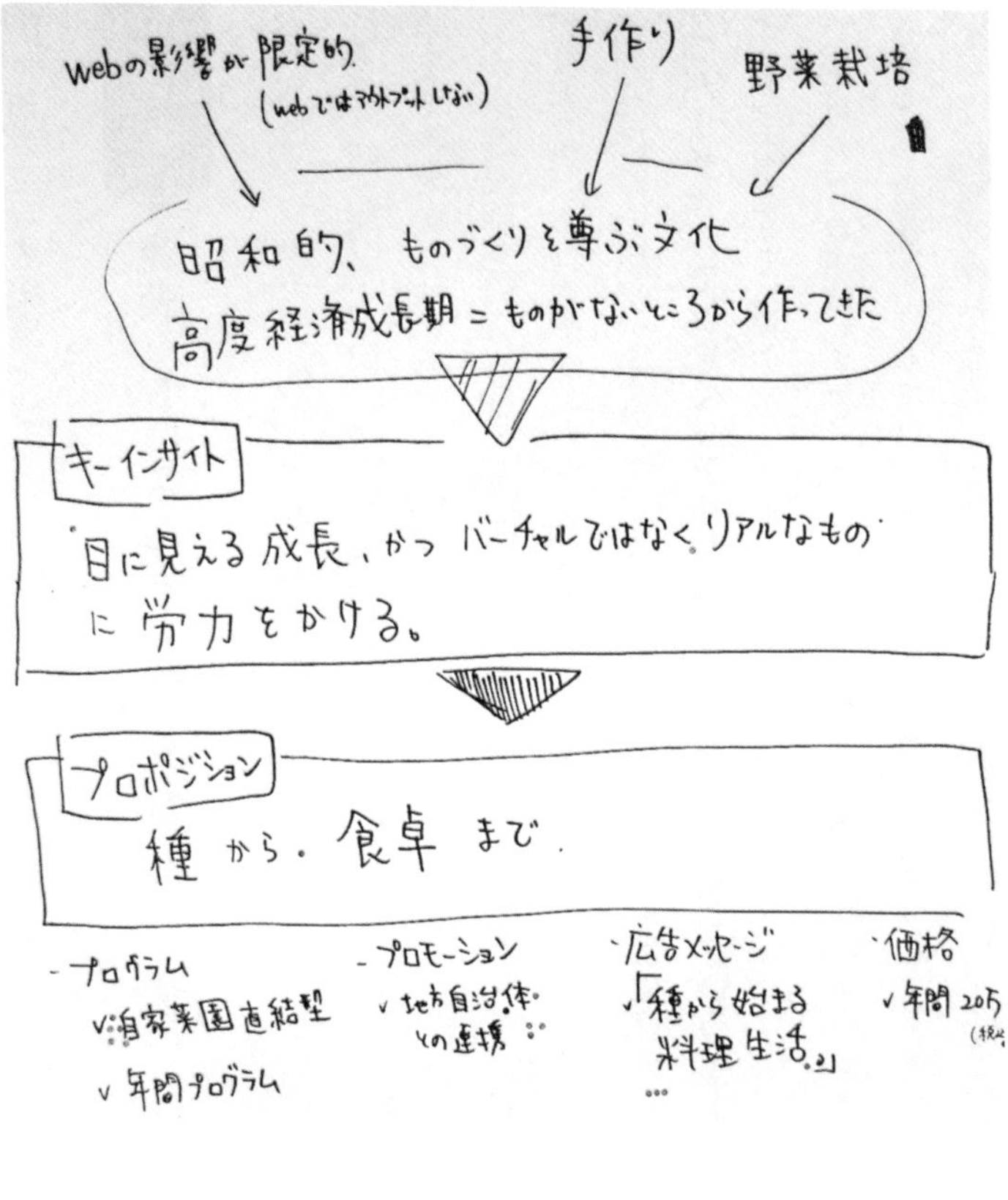

料理教室で使うわけです。

ステップ⑥ 発表：トロさんチーム、その2

このチームでは、「物欲」と「孫」にまつわる気持ちから、「シニア層は未経験のものにお金と時間を注いでいるのでは？」という気づきを得ました。未体験のものにはいろいろあり、そのひとつが海外旅行などの旅好きとして表れている。それを行動ではなく気持ちとしてとらえ、キーインサイトにまとめると「未経験の本物を知りたい」となります。

それを受けたプロポジションが「本場」でした（**図6-7**）。このままでは抽象的すぎるので、もう少し具体的に書き直すと、「素材の『本場』、料理の『本場』でつくって食べる料理教室」となります。

一方、実施案は具体的なイメージがわく力強いものが出てきました。旅行会社やJRなどと組んで、本場で料理をするツアープログラム。京都の料亭で習う料理教室。素材には、京茄子や九条葱などを使います。

**図6-7　発表その4
「本場」**

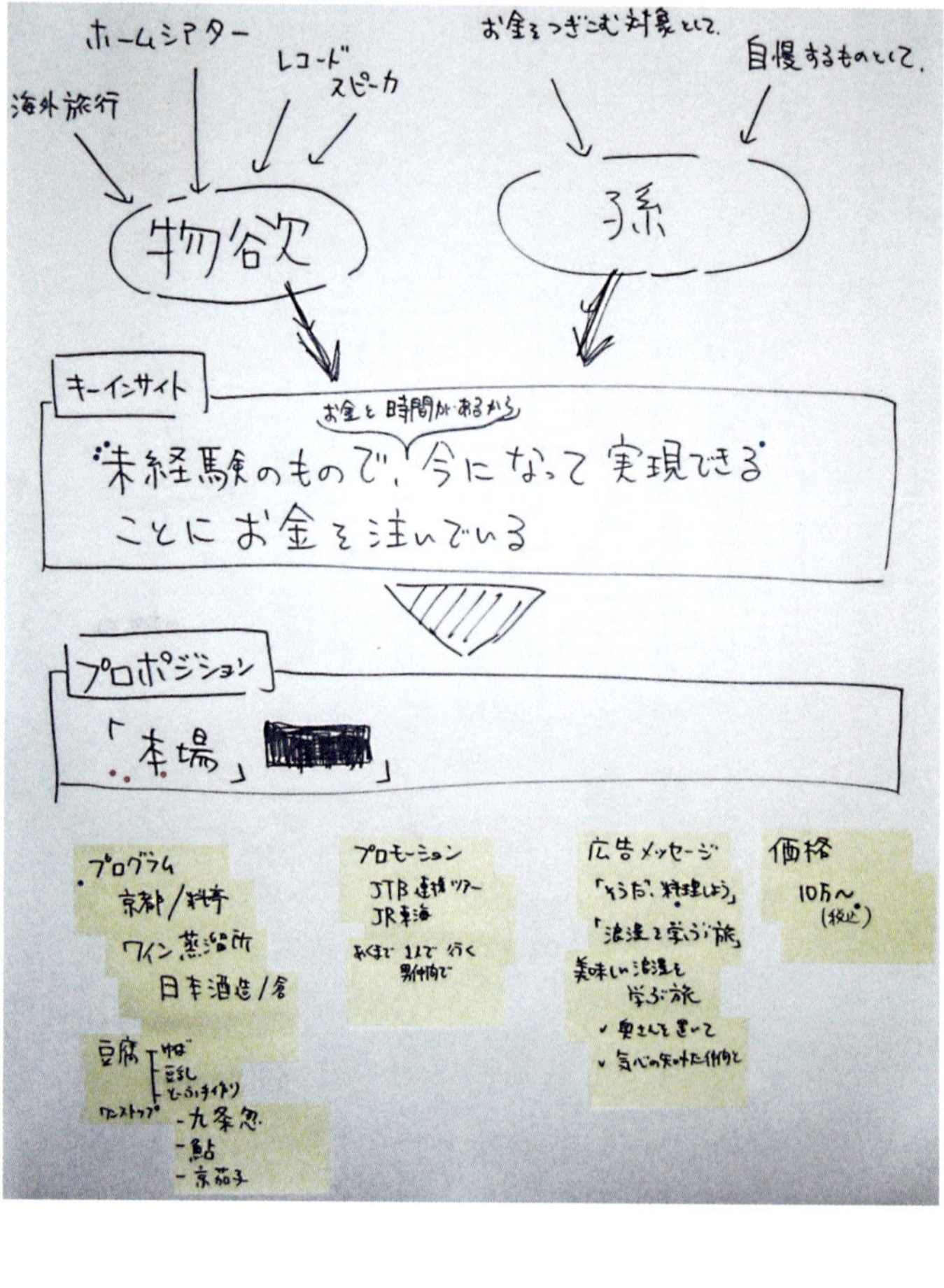
ホームシアター
レコード
スピーカ
海外旅行
物欲
お金をつぎこむ対象として。
自慢するものとして。
孫
キーインサイト
お金と時間があるから
未経験のもので、今になって実現できることにお金を注いでいる
プロポジション
「本場」[redacted]」
プログラム
京都/料亭
ワイン蒸溜所
日本酒造/倉
豆腐
ゆば
豆乳
とうふ手作り
ワンストップ
-九条葱
-鮎
-京茄子
プロモーション
JTB連携ツアー
JR東海
あくまで1人で行く
男仲間で
広告メッセージ
「そうだ、料理しよう」
✓奥さんを置いて
✓気心の知れた仲間と
価格
10万～
（税込）

図6-8　カラーチップで投票する

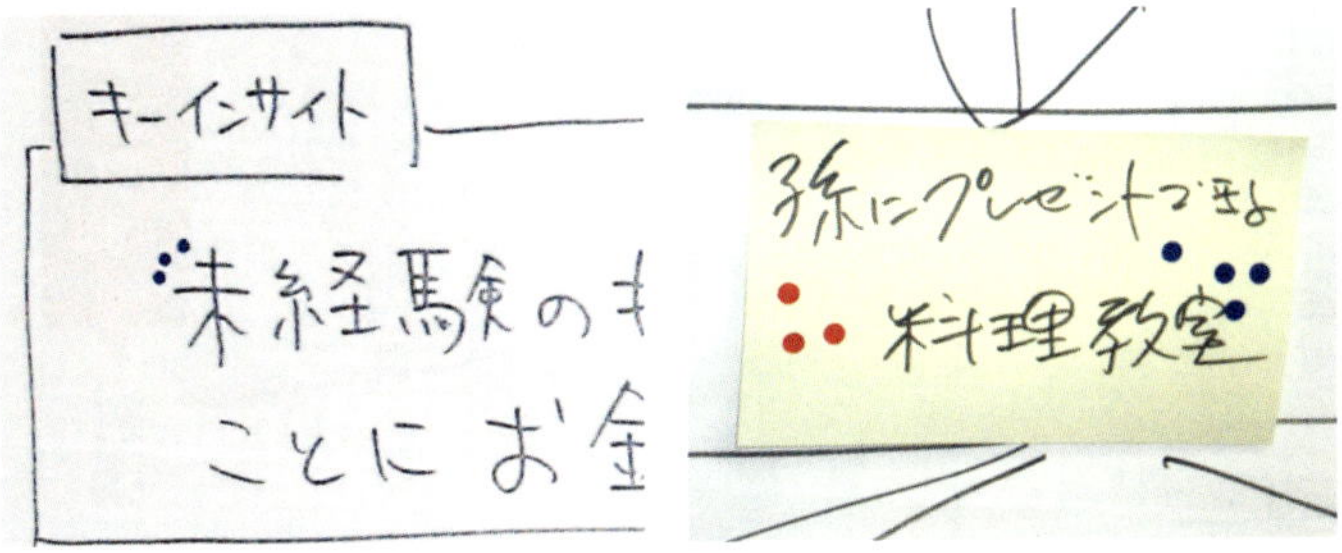

あるいは、ワインの醸造所で、ワインに合う料理をつくる。造り酒屋で日本酒の肴をつくる、など。

ステップ⑦ 投票

さあ、プレゼンが終わりました。**各チームのすべての案について、投票に入ります。** 投票の対象は、インサイトとプロポジション、それ以外の気持ちや具体案もすべて含まれます。ひとりの持分は、赤シール一枚（最優秀）、青シール三枚（優秀）、**黒シール**一枚（ユニーク・大穴）の計五枚です。投票してもらった結果が、**図6-8**です。

自分のチームが出したインサイトやプロポジションに投票してもかまいません。ファシリテーターも投票します。

今回はポストイットが黄色なので、黄シールではなく黒シールを使用。

ステップ⑧ 討議

ファシリテーターは、投票した人に、「どういう点がよかったか」を聞いていきます。票が多く集まったものについては三人以上から聞いて、理由や意見が同じであっても、自分の言葉で話してもらいます。これが、貼り出された「言葉」以上に「切り口」を知るうえで重要です。全員が共通理解を得るうえで欠かせません。

まず、赤シール（最優秀）が最も集まった項目から始めます。今回は、「孫にプレゼントする、料理教室」というプロポジションでした。両グループとも孫について取り上げていましたので、かなり有力そうです。シニアは、「孫に会いたい」と思っているし、「何か買ってあげたい」「孫にはお金も時間も、無条件に使う」といった気持ちをとらえています。

一方、同じセットのインサイト「自分のアイデンティティを高めたい」には票が集まりませんでした。書き方が分析的だったからです。例えば、

「孫がすべて」とか「孫の喜んだ顔を見るのが、一番の幸せ」など、もっとターゲットの実感がこもった言い方にする必要があります。

次に票が集まったのは、「未経験の本物を知りたい」というインサイトと、「本場」というプロポジションのセットです。特に、「本場で楽しむ料理教室」というプロポジションは、「したことがないことをしたい」という気持ちや「旅行が好き」といった嗜好をうまくとらえています。

この二セットは、仮説として十分強いものといえます。ステップ⑨のまとめでブラッシュアップしましょう。

少数票、黒シール（ユニーク）票を大切にする

逆に、セットとしてまとまらなかったものの、何かの可能性を秘めているものもあります。シールが貼られた切り口に関しては、誰が投票したかをもれなく聞いて、どういうところに可能性を感じたかを発表してもらいましょう（**図6-9**）。特に、黒シール（ユニーク・大穴）には注意します。

図6-9　ひとつでも票が入ったものには注意

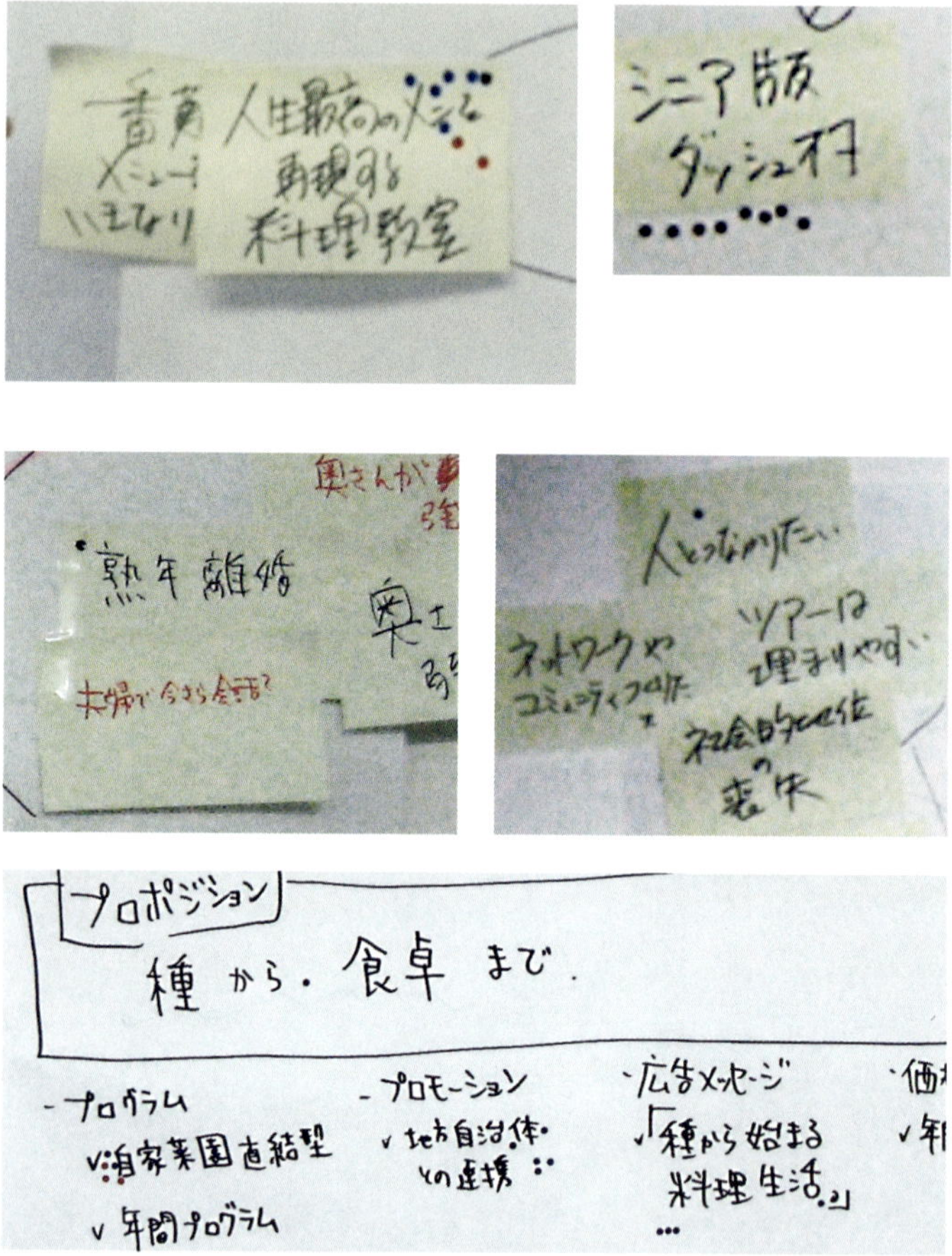

・人とつながりたい：近所の人など、人が集まることへのニーズ。これを「もてなす料理」といった提案に結び付けるのはどうか、との意見。
・熟年離婚：家事ができなくてウザイ夫は定年と同時に離婚されてしまうという潜在的な不安。妻に見放されないためにも、料理ぐらいはできるようになりませんか、というプロポジション。しかし、**マイナスをゼロにするというプロポジション**は、逆に「離婚されそうな男が行くところ」というネガティブ連想を生んでしまうのでは、という結論に行き着きました。
・シニア版ダッシュ村：実現性に疑問はあるけれどユニークで捨てがたい。この案に**黒シールが大量に集まりました。**ダッシュ村のようなコミュニティをつくることは難しいかもしれませんが、「共同作業をすることで、感動や喜びを共有したい」という気持ちを見事にとらえています。この場合は、実施プランとしてよりも、コンセプトやアイデアとして大事にして、後日どういうプログラムならできそうかを検討します。

インサイトを突いていても、ネガティブな感情を引き起こすものは逆効果です。後ろめたい感情が生まれるようでは、購買動機どころか買い控えにつながりかねません。

黒シールの得票が多かったアイデアに関しては、特に慎重に検討します。単に「ウケ」を狙ったように見えても、見事に本質を「例えて」いたりすることもあります。

・人生最高のメシを再現する、料理教室：このプロポジションはインサイトとのつながりが薄いため、端のほうにあったにもかかわらず、多くの票を集めました。人気を集めたものは、「どういうインサイトを突いているから魅力的なのか？」を改めて検証する必要があります。もし、インサイトがきちんと定義できたら、新しいセットをつくれる可能性もあります。同時に、具体案がどうなるかまで、考えていきましょう。

・地方自治体と連携して、自家菜園直結型の料理教室をつくる：インサイトやプロポジションが抽象的なのに対し、広告メッセージ「種から始まる料理生活」とともに、具体案が多くの票を集めました。この場合、もう一度プロポジションとインサイトにさかのぼって、エッセンスを具体的に表現しましょう。例えば、プロポジションは、「自家菜園付き、料理教室（○○村と提携）」のほうが明確で興味を引きそうです。

ステップ⑨ まとめ

ワークショップ後に、コア・チームがインサイトとプロポジションのセットをまとめます。インサイトは「ターゲットの実感がわかりやすく伝わるように」、プロポジションは「魅力的な提案に見え、そこからアイデアが広がるように」、具体案は「プロポジションとのつながりが見えるように」、書き方をブラッシュアップします。

商品アイデアなどの具体案は、プロポジションの意味合いがよくわかるものを選びます。これはインサイトとプロポジションを理解し共有するための例であり、あとでボツになってもかまいません。各部署が持ち帰ったとき、アイデアが膨らむほうが好ましい。インサイトとプロポジションさえブレなければ、具体案はいくら変わってもよいのです。

今回は、以下の三つのセットにまとまりました（**図6-10**）。

①「孫」を切り口としたセット。シニアというターゲットの最大の関心

戦略は、いかに具体性があるか（何をするかが見えるかどうか）。具体案は、どうしたら、それを戦略的なプロポジションにできるか。常に両面から考えられるようにしましょう。

事に、料理を結びつけるという考え方です。

②「本場で楽しむ料理教室」。プロポジションが非常に明快で主張があります。なぜ、これに魅力を感じるかというと、「お金と時間があったらやってみたかった、未経験なこと」だからです。

この二つは、投票も多く、インサイトとプロポジションの書き方を磨くことで十分魅力的な戦略提案になります。

③「自分で育てた食材(野菜など)で料理をつくる」。二つのプロポジション「種から食卓まで」「素材から収穫まで」が同じインサイトをとらえていたので、ひとつにまとめました。そのうえで、最も票を集め、アピール力のあった具体案「自家菜園直結」をプロポジションに格上げしました。ダッシュ村のようなコミュニティの提案も組み込みました。

まとめ終わったら、ワークショップ参加者全員にシェアします。できれば、コア・チームからプレゼンテーションを行い、質疑応答を経て、合意をとりましょう。

図6-10　シニア男性に向けた提案　まとめ①

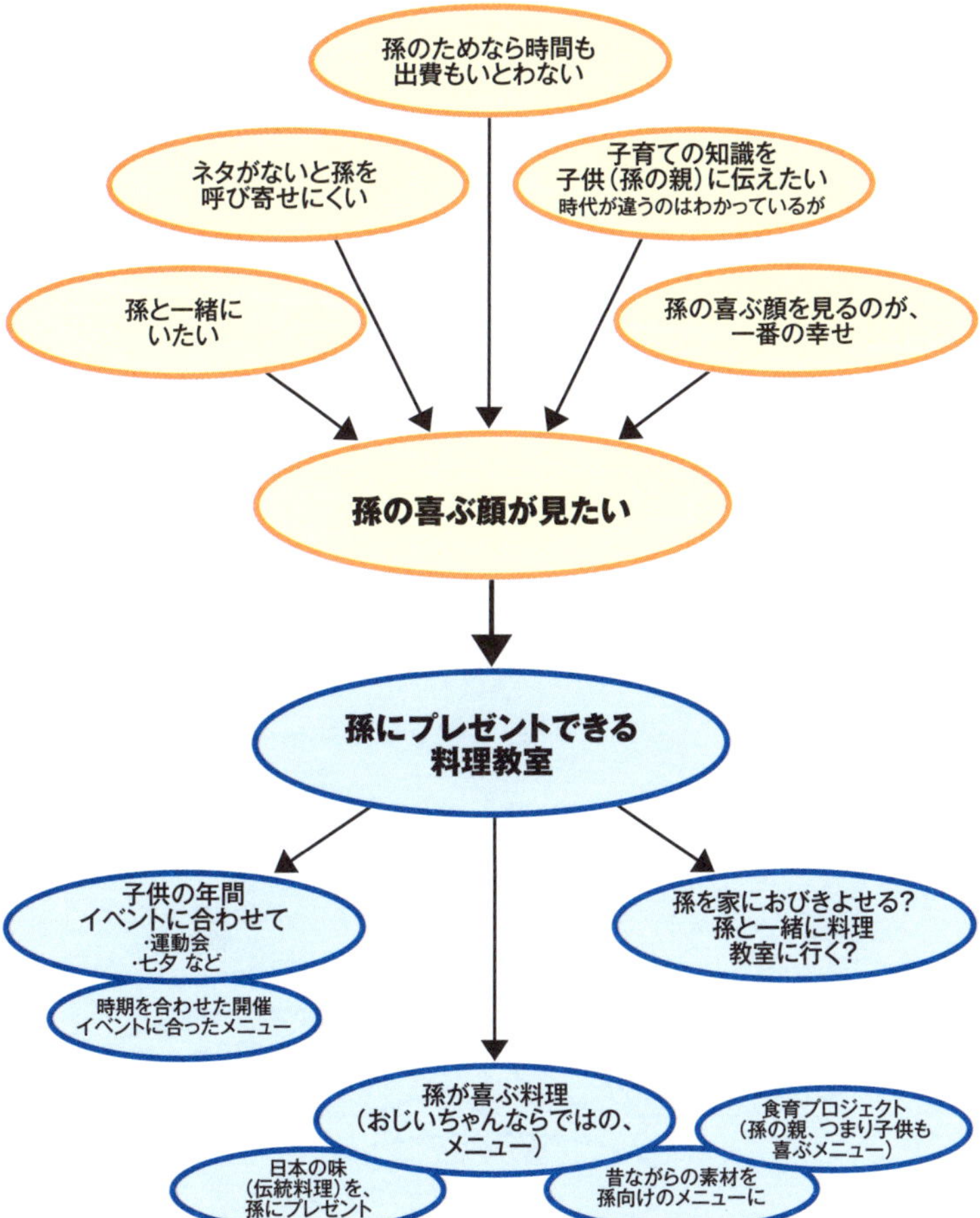
孫のためなら時間も
出費もいとわない
ネタがないと孫を
呼び寄せにくい
子育ての知識を
子供（孫の親）に伝えたい
時代が違うのはわかっているが
孫と一緒に
いたい
孫の喜ぶ顔を見るのが、
一番の幸せ
孫の喜ぶ顔が見たい
孫にプレゼントできる
料理教室
子供の年間
イベントに合わせて
・運動会
・七夕 など
時期を合わせた開催
イベントに合ったメニュー
孫を家におびきよせる？
孫と一緒に料理
教室に行く？
孫が喜ぶ料理
（おじいちゃんならではの、
メニュー）
食育プロジェクト
（孫の親、つまり子供も
喜ぶメニュー）
日本の味
（伝統料理）を、
孫にプレゼント
昔ながらの素材を
孫向けのメニューに

図6-10　シニア男性に向けた提案　まとめ②

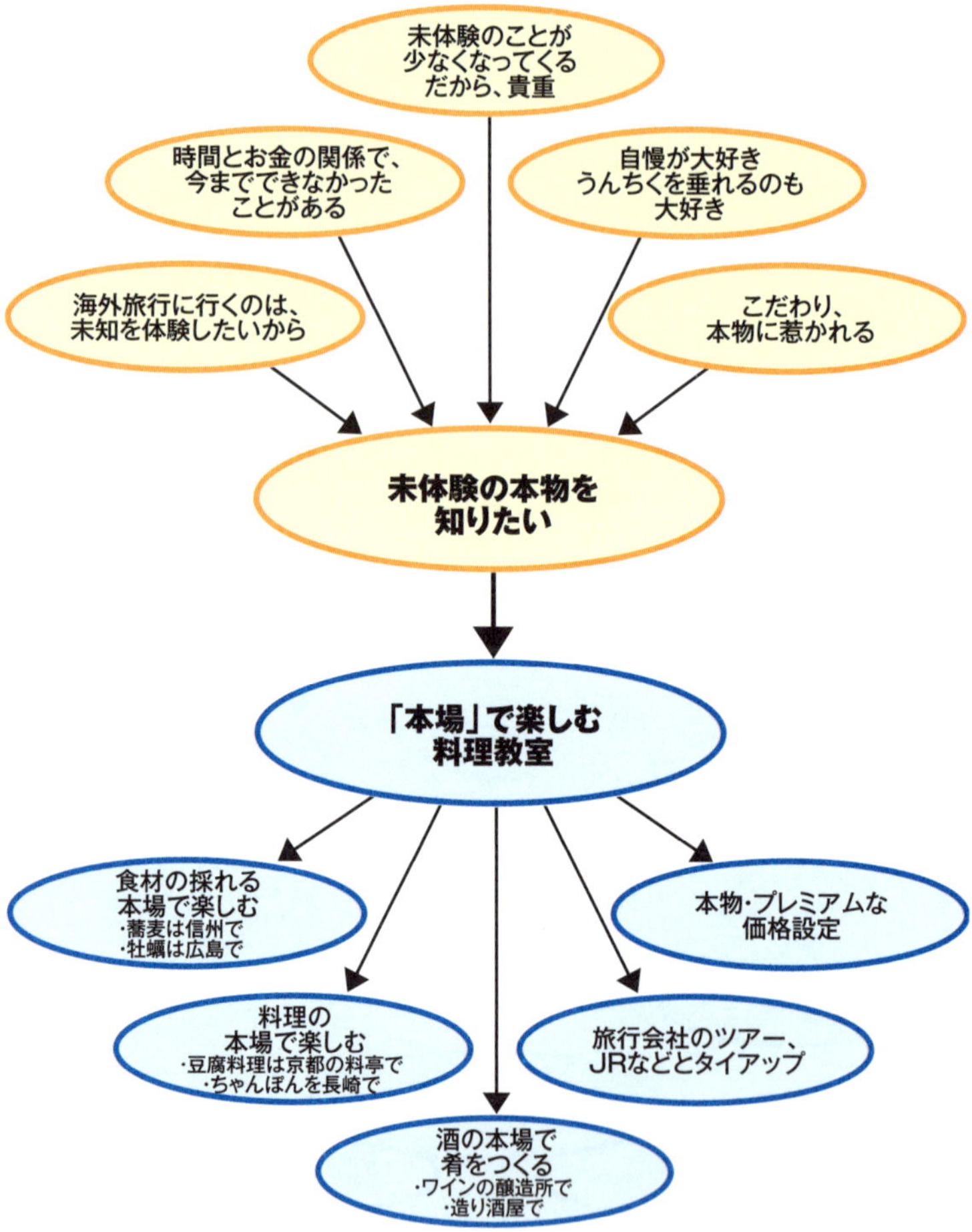
未体験のことが
少なくなってくる
だから、貴重
時間とお金の関係で、
今までできなかった
ことがある
自慢が大好き
うんちくを垂れるのも
大好き
海外旅行に行くのは、
未知を体験したいから
こだわり、
本物に惹かれる
未体験の本物を
知りたい
「本場」で楽しむ
料理教室
食材の採れる
本場で楽しむ
・蕎麦は信州で
・牡蠣は広島で
本物・プレミアムな
価格設定
料理の
本場で楽しむ
・豆腐料理は京都の料亭で
・ちゃんぽんを長崎で
旅行会社のツアー、
JRなどとタイアップ
酒の本場で
肴をつくる
・ワインの醸造所で
・造り酒屋で

図6-10　シニア男性に向けた提案　まとめ③

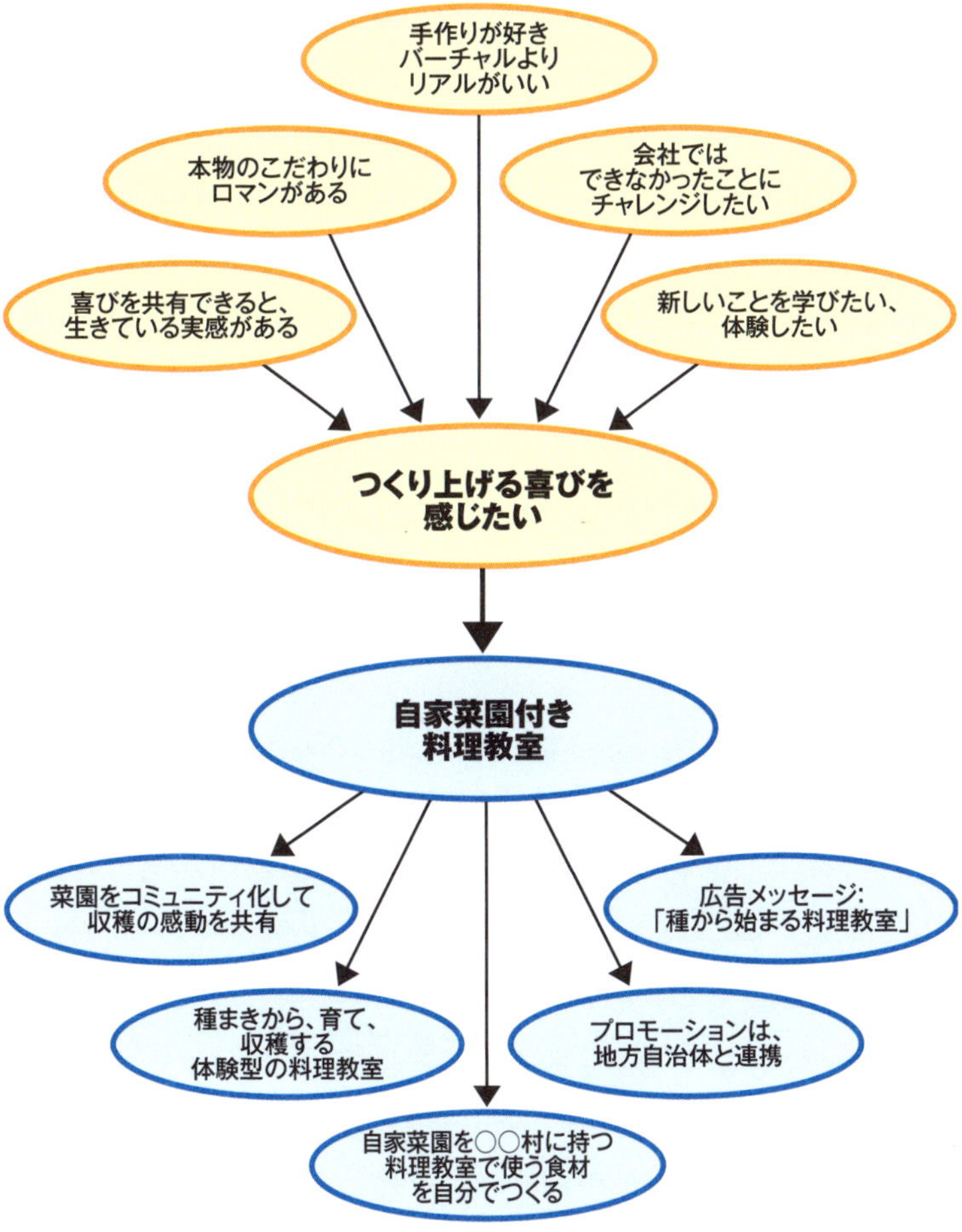
手作りが好き
バーチャルより
リアルがいい
本物のこだわりに
ロマンがある
会社では
できなかったことに
チャレンジしたい
喜びを共有できると、
生きている実感がある
新しいことを学びたい、
体験したい
つくり上げる喜びを
感じたい
自家菜園付き
料理教室
菜園をコミュニティ化して
収穫の感動を共有
広告メッセージ:
「種から始まる料理教室」
種まきから、育て、
収穫する
体験型の料理教室
プロモーションは、
地方自治体と連携
自家菜園を○○村に持つ
料理教室で使う食材
を自分でつくる

アクション
ACTION

独身男性のインサイトを探る

次のセッションは、独身男性です。参加者にとっては身近な存在ですが、だからといって、インサイトがすぐに見つかるとはかぎりません。自分の深層心理には普段気づきませんし、いろいろな気持ちがわかるだけに、本質を抽出するのが難しいこともあります。

これまで同様、まずは独身男性についての気づきを発表。その後、グループでアクティブ・リスニングを行い、ブレーンバンクをつくり、グルーピングをしたうえで見出しをつけていきます。そしてキーインサイトとプロポジションをセットで出し、発表に入ります。

以下、両チームの発表を二セットずつ、見てみましょう。

ステップ⑥

発表：ウニさんチーム、その1

独身男性の関心事、気持ちを出していくと、ひとつの大きなかたまりとして、「仕事」があります。「仕事ができる男になりたい」「段取りがいいのは、カッコイイ」など。そのために「自分を磨き、スキルアップしたい」と思っています。そのためには、時間もお金も惜しまない。一方、料理も含め、家事全般に価値をおいていません。基本的にはやりたくない。できれば、誰かにやってほしいと思っています。

こういう気持ちの独身男性に対して料理教室を魅力的に見せるには、「料理をする」ことに新たな価値付けをして、見方をまったく変えさせる必要があります。料理を、お金と時間を投資するカテゴリーに変換しようという大胆な提案です。

それを、ターゲットの関心事である「仕事でのスキルアップ」と結びつけた提案が、「MBAクッキング——ビジネスに活かせる料理へ」（図

6-11)。料理をつくることを通して「段取り力」を身につけたり、役割分担を通して「人のマネジメント力」や「プロデュース力」を学んだり、「手づくり料理で得意先を接待」というのもあるかもしれません。

また、プロモーション方法として、ビジネス出版社とタイアップして、「MBA料理本」を出版するというアイデアも出されました。

ステップ⑥ ウニさんチーム、その2

キーインサイトとして抽出したのは、「男としての自信を取り戻したい」という気持ち。カッコイイ男は、努力をして結果を出す。生活力もありサバイバルできる男はカッコイイし、女性にもモテる。中性化した弱い男ではいたくないと思っている。

そういうインサイトをとらえたプロポジションが、「クッキング・ブート・キャンプ」。男らしい料理を習得しながら、身体を鍛えるという一石二鳥の料理教室です(図6-12)。

図6-11　発表その1「MBAクッキング」

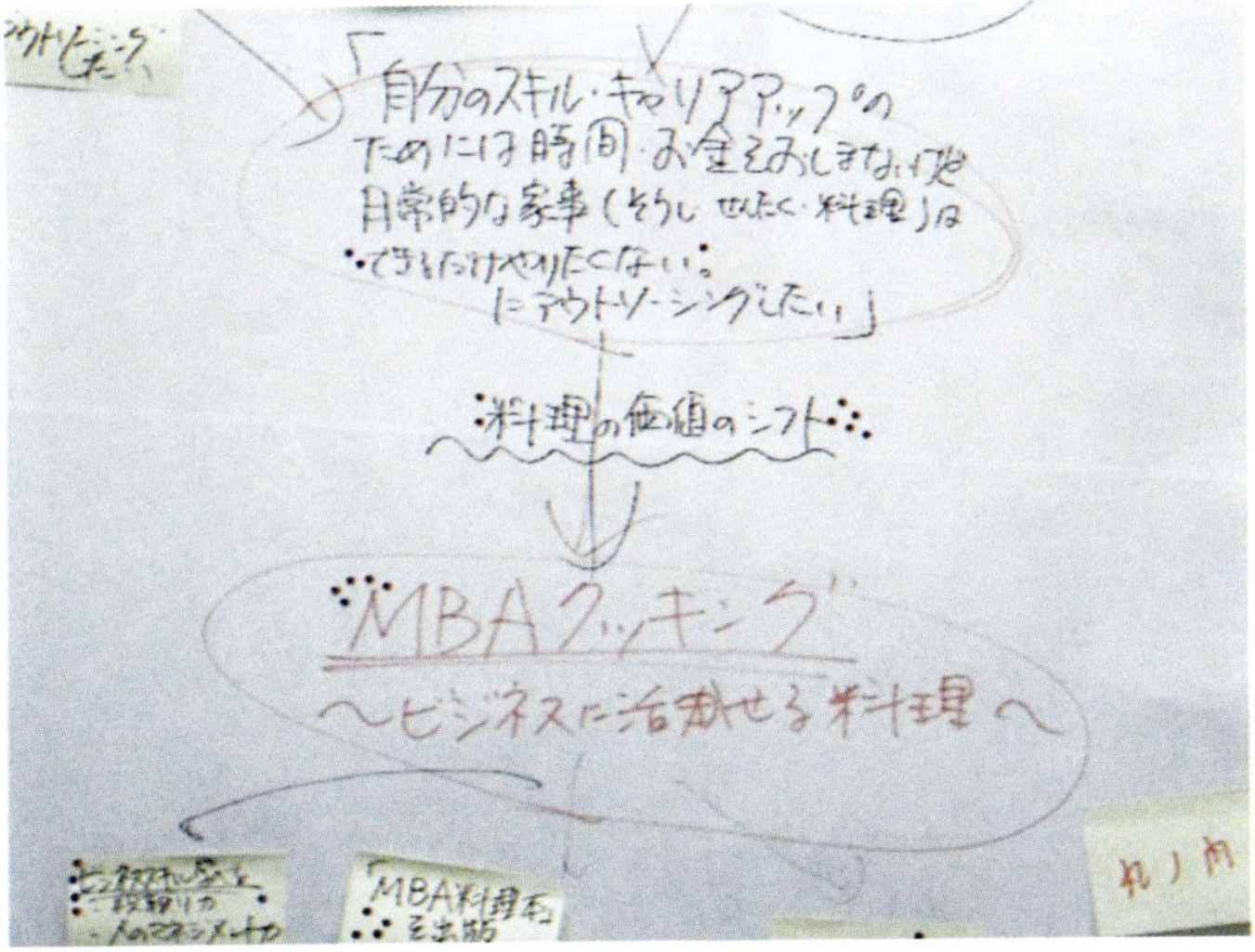

図6-12　発表その2「クッキング・ブートキャンプ」

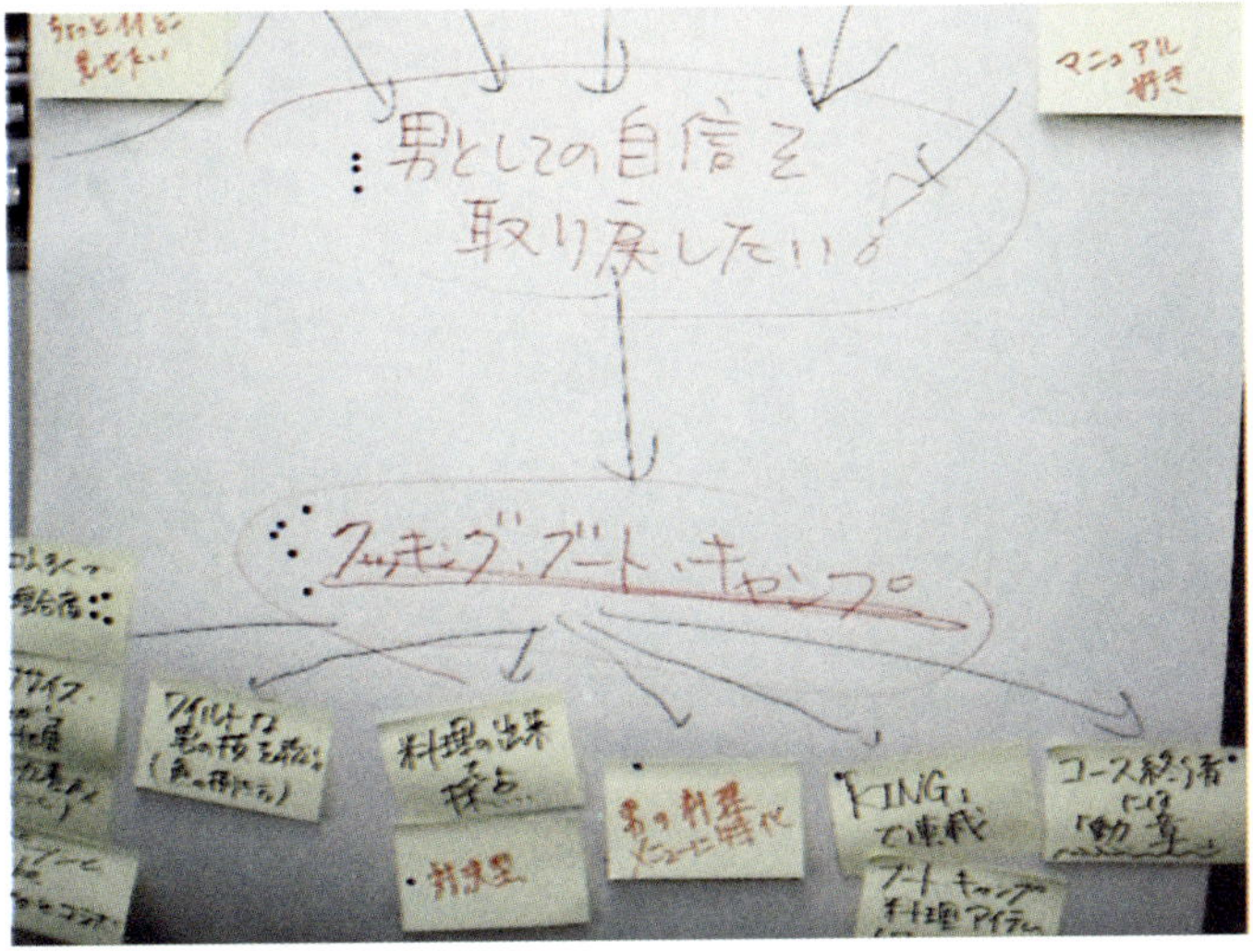

料理は、あくまで男のメニューに特化し、技も「魚のさばき方」などワイルドなものに限定。エクササイズしながら、料理をして身体を鍛える。開催場所は、富士山麓で合宿形式。タイアップするブランドもナイキなどのスポーツ・ブランドに。料理の出来栄えを対決方式で競い、優勝者には勲章を授与するなど、徹底して男臭さで固めます。

この案も基本的には、料理だけではターゲットの心をつかめないため、「強い男をつくる」という新しい価値付けを図ろうというものです。

ステップ⑥ 発表：トロさんチーム、その1

自分のことは自分でやれたほうがいい、という気持ちから、キーインサイトとして「自分の腕で生きる。セルフマネジメント」を抽出。これを受けて、「自分の食べる物は、自分でプロデュース」というプロポジションを導き出しました（**図6-13**）。

しかし、具体案がなかなか出てきませんでした。料理検定を行う、カ

図6-13　発表その3
「自分の食べる物は、自分でプロデュース」

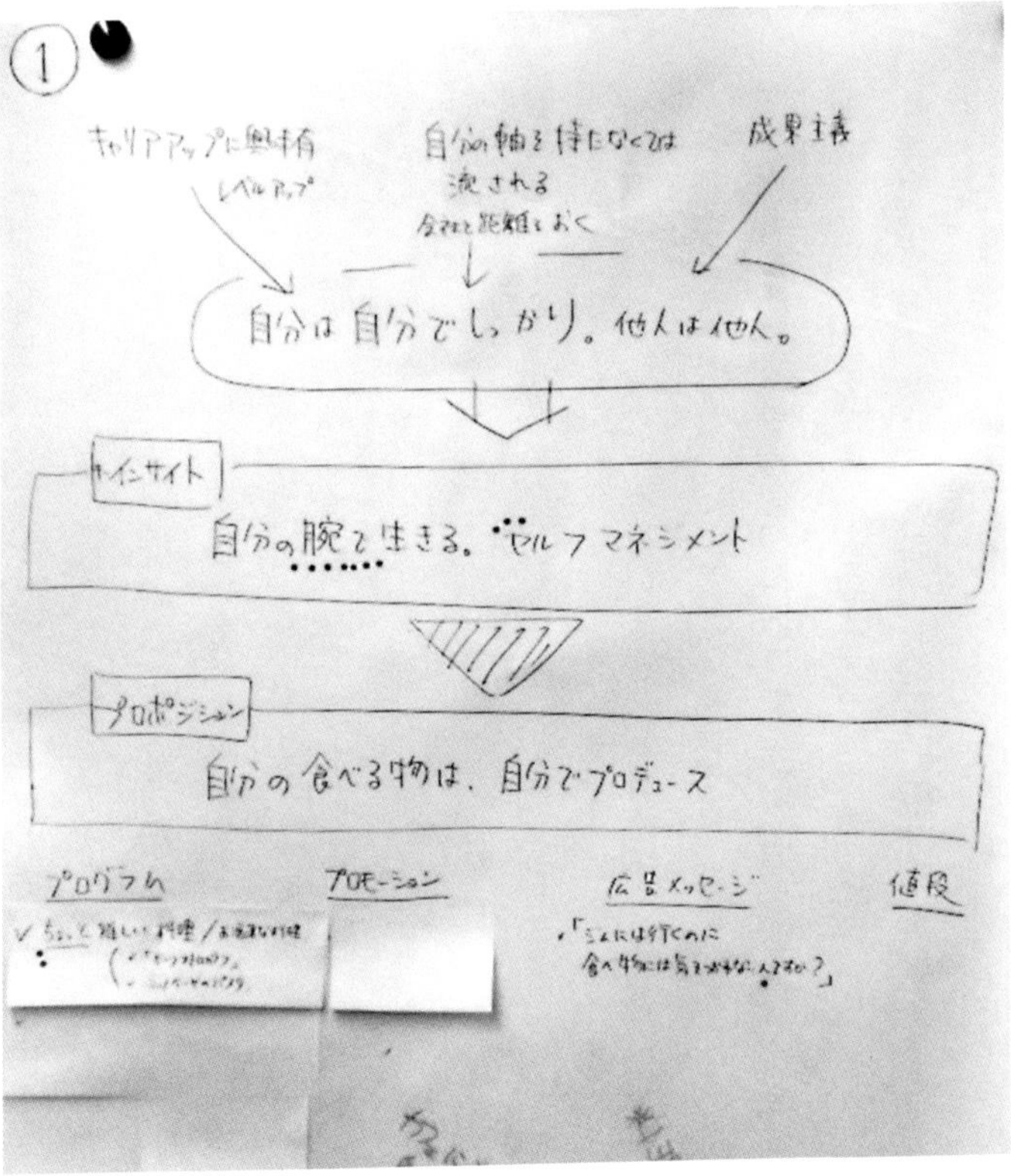

フェに食材を持ち込んで料理をつくる、などの案が出ましたが、どれも、プロポジションを具現化するものではありませんでした。メンバーの間に料理教室に対するネガティブな態度があったためか、通いたくなるような教室をイメージすることができませんでした。

ステップ⑦ 投票

ステップ⑧ 討議

以上の三セットに対して、投票を行います（**図6-14**）。その結果、最も票が集まったのが、「ＭＢＡクッキング」。次に「クッキング・ブート・キャンプ」となりました。いずれも、料理にまったく違う価値付けを行い、それにお金と時間を出してもらおうという考え方です。

これは、ヒューマン・インサイトの代表的な活用方法でもあります。ある商品やサービスそのものの魅力だけではターゲットへのアピール力

図6-14　投票

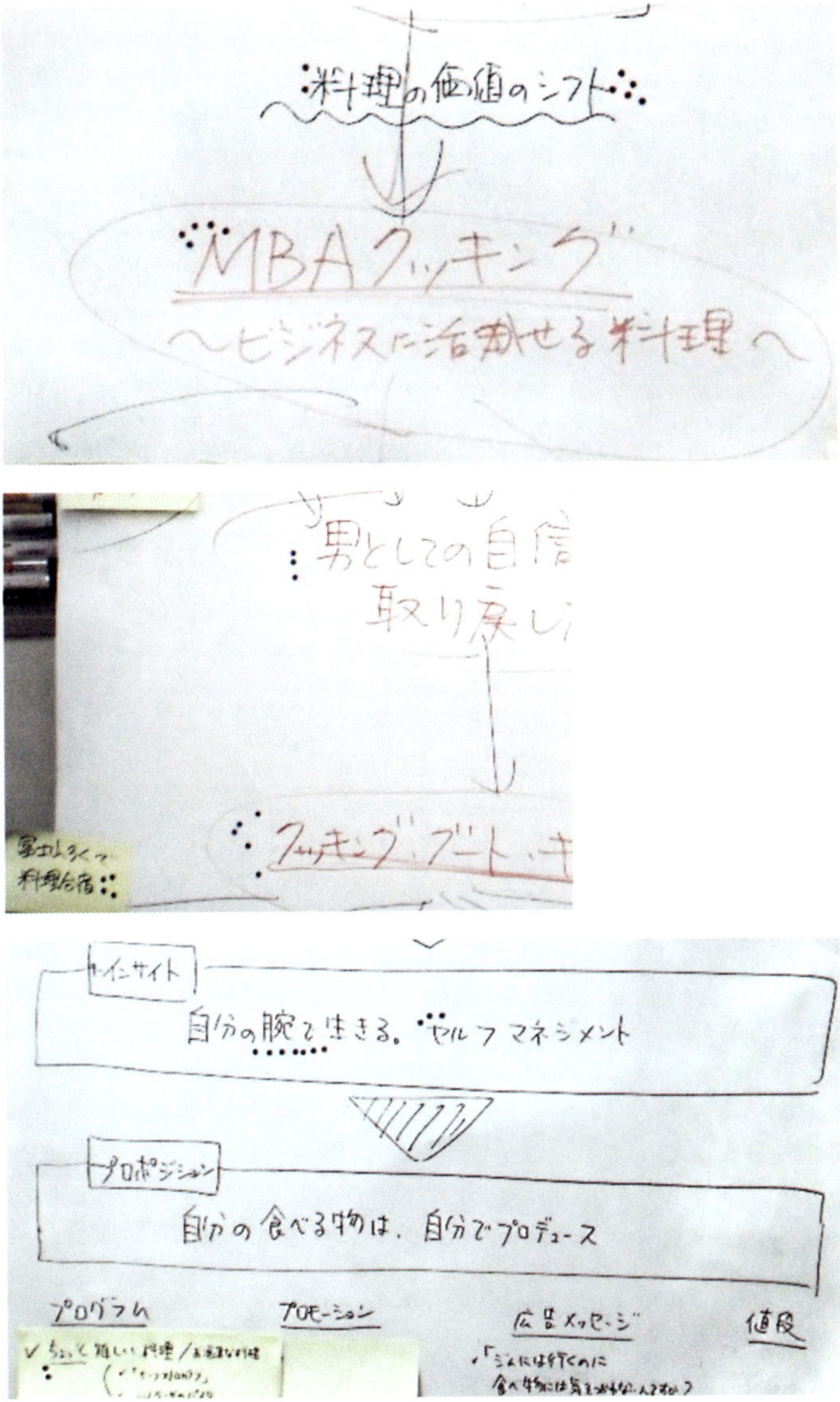
料理の価値のシフト
MBAクッキング
〜ビジネスに活かせる料理へ
男としての自信
インサイト
自分の腕で生きる。セルフマネジメント
プロポジション
自分の食べる物は、自分でプロデュース
プログラム
プロモーション
広告メッセージ
値段

が弱い場合、ターゲットの興味や関心と結び付けて、新しい価値付けを行うのです。

しかし、最後に大きな問題提起がなされました。

投票と話し合いを終えたあと、ターゲットにあたる独身男性のメンバーの半数から、「それでも、やっぱり料理教室には行きたいとは思わないな」という意見が出てきたのです。

そこで、インサイト・ワークショップの続きを行うことにしました。今度は、「料理教室」というカテゴリー・インサイトに的を絞り、解決策を導き出していきます。動機付けがまだまだ弱いのか、それとも心理的な抵抗感があるのか……。その様子を7章で紹介していきます。

ちなみに、プロポジションを導き出すとき、ヒューマン・インサイトとカテゴリー・インサイトの両方をやってみることはよくあります。その場合、より商品からの飛躍が大きいヒューマン・インサイトを先に行い、カテゴリー・インサイトをあとから行うのが効果的です。

chapter 7 実況中継 カテゴリー・インサイトを探す

6章では、実際にワークショップを開き、「料理教室に独身男性の生徒を増やす」という課題に沿って、ヒューマン・インサイトを探っていきました。しかし、プロポジションと具体案の提案まで出したものの、最後にターゲットの独身男性から、根本的な問題点が提起されました。

「(それでも)やっぱり、料理教室には通わない」

この場合、考えられるのは、次のどちらか、もしくは両方です。

ひとつは、ヒューマン・インサイトから導き出したプロポジションが

どんなカテゴリーや商品でも、問題点はおおむねこの二点に集約されます。

強くない。つまり料理教室に通いたいという気持ちにさせるほど、動機付けが強くない場合。

もうひとつは、「料理教室」というカテゴリーにネガティブな感情があり、それがバリアになっている場合。そうしたカテゴリーに対する深層心理（カテゴリー・インサイト）を明らかにするには、仮説としての視点が重要になります。

例えば、次の三つのユーザーイメージをひとつづつ想像してみましょう。

「料理をする男」
「料理ができる男」
「料理教室に通っている男」

もし、最初の二つに対しては比較的よい印象があるのに、最後のひとつだけにネガティブなイメージが出てきたとしたら、それは料理ではなく、「料理教室」というカテゴリーにバリアがあることになります。そこで、独身男性も「料理ができるのはいい」けれど、「料理教室に通うのはイヤ」なのでは？　という仮説を立ててみました。

この仮説を明らかにするために、今回はワークショップの基本的な流れ「ステップ④ブレーンバンク」の代わりに、**1章で紹介した発見ツールでインサイトを探してから、グループワークに入ります。**

アクション
ACTION

発見ツール４で比較：「男はみんな料理をする星」「男は誰も料理をしない星」

ここでの目的は、「男が料理をする」こと自体に、どういうイメージがあるかを知ることです。１章で紹介した発見ツール１を使います。

順番としては、まず「男はみんな料理をする星」のイメージを描いてもらい、各人に、その説明をしてもらいます。次に「男は誰も料理をしない星」についても絵を描いて説明してもらいます。最後に、両方の星の絵を比べ、深層心理をよりくっきりと浮かび上がらせます。

↑発見ツールを使う際、ワークショップでは最初に目的を話してから取り組んでもらいますが、消費者調査ではバイアスがかからないよう、目的は話さないようにします。

1章でも説明しましたが、イメージを膨らませやすくするために、ファシリテーターは次のように声をかけていきます。

・今から、宇宙船で、「男はみんな料理をする星」に向かいます。**目をつぶって想像をしてみましょう。**

・宇宙船が、到着しました。どんな星でしょうか？　どんな景色が見えますか？　自然、田舎、それとも大都会？　何が聞こえてきますか？風や空気は気持ちいいですか？

・**この星の男性は、どんなでしょうか？　年齢、性格は？　何を話題にしていそうでしょうか？　幸せそうですか？**

・**この星の女性は、どんなふうでしょうか？　何を話題にしていそうでしょうか？　幸せそうですか？**

・**男女関係や家族は、どんな感じでしょうか？**

・あなたはこの星に住んでみたいですか？　それはどうしてですか？

アタマで考えず、五感で感じるものをイメージしたほうが、深層心理が投影されます。

今回はテーマに沿って、男女のタイプや家族をイメージさせています。

十分にイメージができたところで、絵に描いてもらいます。絵が苦手な人は、文字で補足してもらってもかまいません。

それでは、実際に描いてもらった絵と、そこから読み取れることを男性メンバーと女性メンバーに分けて紹介します。というのは、女性からどう見られているかは、ターゲットである独身男性に大きな影響を与えるからで、そこからホットボタンが見つかる可能性もあるからです。

「男はみんな料理をする星」男性メンバーの絵

メンバーたちの絵に表れた印象でいえば、概ねポジティブでした。「男はみんな料理する星」はいい星だったということです。ここから、「男が料理する」ことに対し、少なくとも抵抗感はそれほどないということがわかります（**図7-1**）。

絵から読み取った内容は、なるべくその場でフィードバックしてください。メンバー間で発見を共有しておくと、あとのグループワークに生きてくるからです。

絵を見ながらフィードバックするときは、「おもしろい視点が出ていますね」と、解釈を加えながら褒めることが大事です。

図7-1　男はみんな料理をする星（男性メンバーの絵）

家族仲良く暮らしています。「男が料理する」といっても、ひとりではなく、パパとママが一緒に仲良く料理をするというイメージ。ここから、「男が料理をする」ことは、男女が対等に仲良く暮らせていいというポジティブな態度が読み取れます。

カップルそれぞれが「マイキッチン」を持っています。言ってみれば「料理がファッションになっている星」。料理器具にも凝っていて、人々はデコメールならぬ「デコキッチン」に夢中です。ここから読み取れるのは、「男が料理をするのはオシャレになっていく」というイメージ。逆に言えば、そういうイメージができてくれば料理をしてもよい、ということです。

1章でご説明したように、このツールでは、ソーシャル・インサイトを掘り下げることもできます。社会的に「男が料理をすること」は、どうとらえられているのか、どういうイメージを持たれているのか、それを個人がどう意識しているかを見ることにもなるわけです。

「男は誰も料理をしない星」男性メンバーの絵

今度は反対に、「男は誰も料理をしない星」に行ってもらいます。実際に描いてもらった絵が**図7-2**です。

今度は、全体的にネガティブな感情があるようです。男が威張っていて女性が幸薄そうな男尊女卑の社会。カップルの間で会話はあまりなく、楽しそうではないという点が共通しています。

「男は誰も料理をしない星」は、男性メンバーのほとんどにとって、居心地のよくない世界のようです。メンバーの多くが料理をしない人たちでしたが、それでも「男が料理をしない」のはよくないと思っていることがうかがえます。

図7-2　男は誰も料理をしない星（男性メンバーの絵）

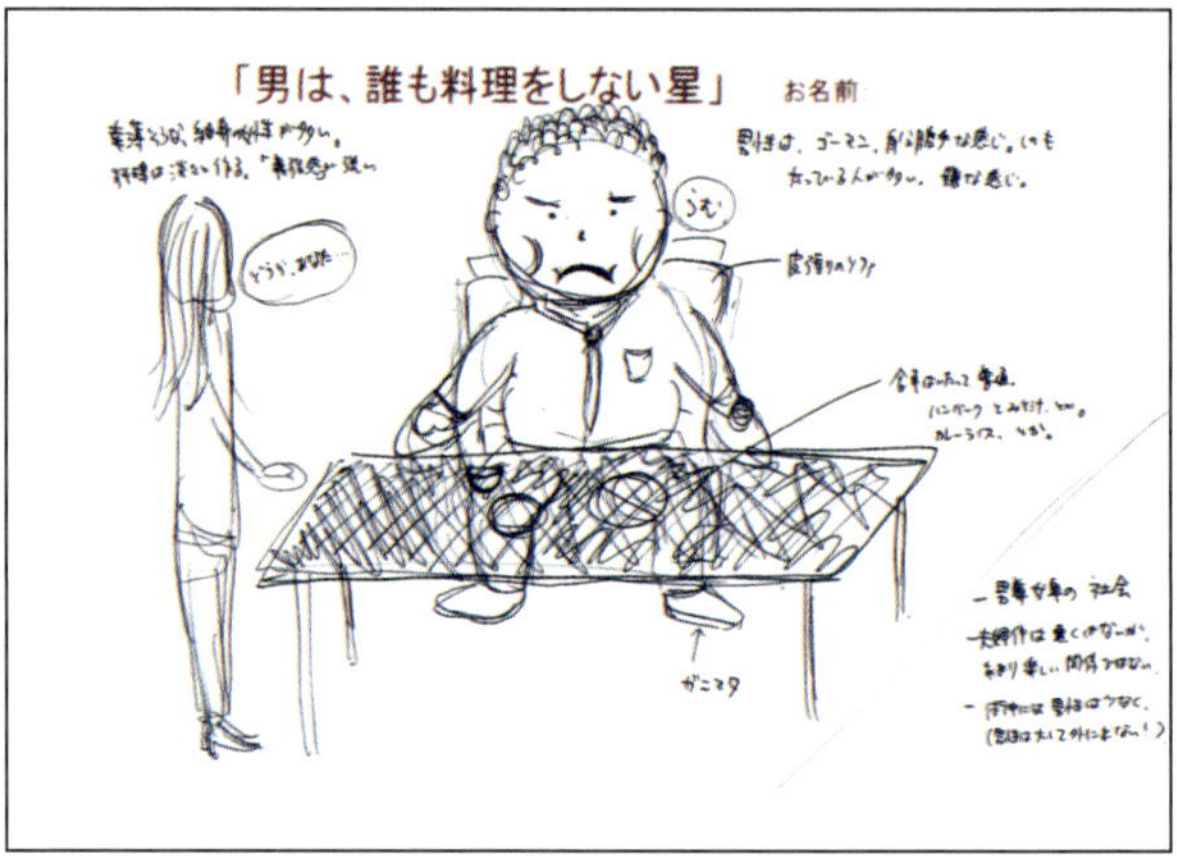

男が自分勝手で傲慢な、まさに男尊女卑の社会。女性は義務感だけで料理をつくっています。夫婦の会話は、ほとんどありません。こうした男性像に対する嫌悪感が表れていて、「男が料理をしない」ことに否定的であることが読み取れます

また、同じ人が描いた「男はみんな料理をする星」「男は誰も料理をしない星」を比べることで、本人の意外な深層心理が見えてくることもあります。

図7-3は参加者のなかで唯一、料理をすることに対してネガティブだった人の絵です。基本的には、料理は「したくない家事労働」と見ています。ここから読み取れるのは、「料理をする人」とは、「家の中の力関係で弱い人」だということです。

かといって、悩み深いのは、料理をしないことも好ましくないと考えているところです。「男が料理する星」は海外で縁遠い世界だし、「男が料理をしない星」は古いし、生活が不便そう。どちらの星にも住みたいと思わない様子が、この二枚から浮き彫りになっています。

女性メンバーの絵から読み取れること

ここで視点を変えて、「男が料理をすること」を女性はどう見ているのかを把握しておきましょう。

図7-3　2つの星の絵を対比させる

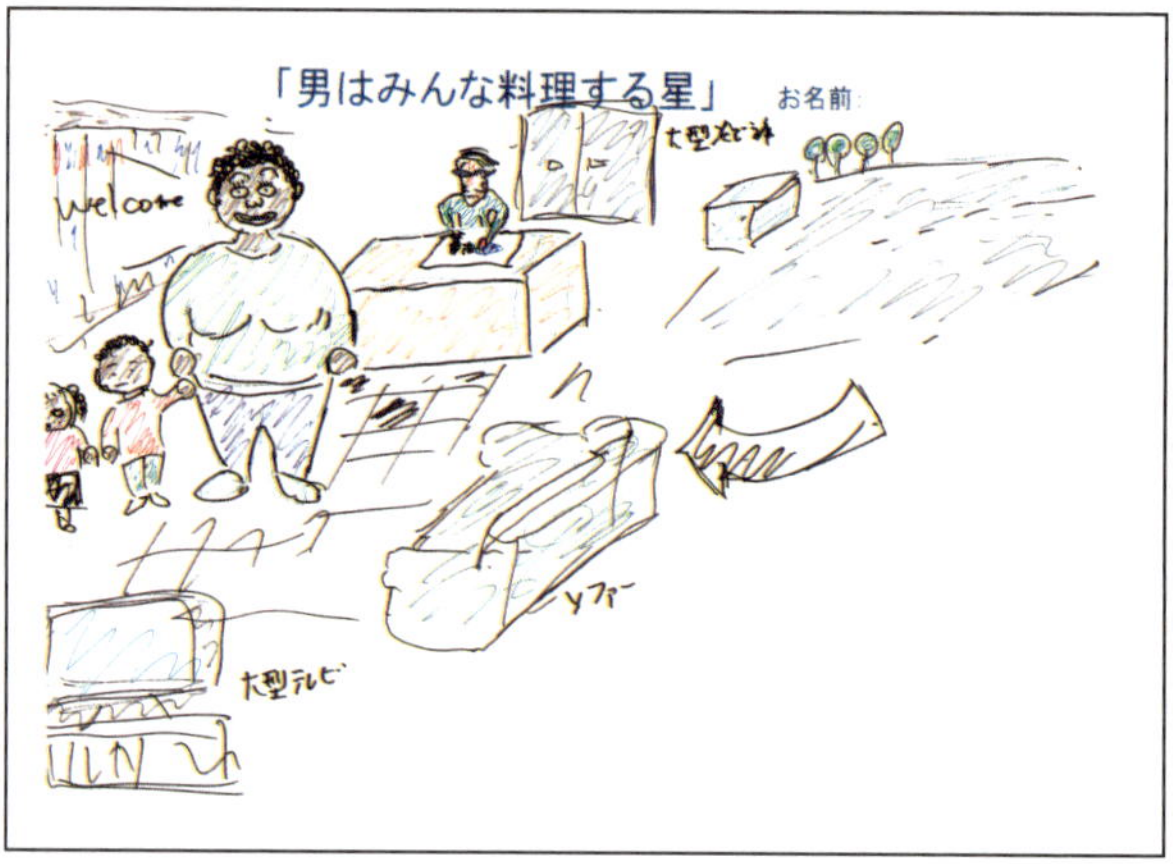

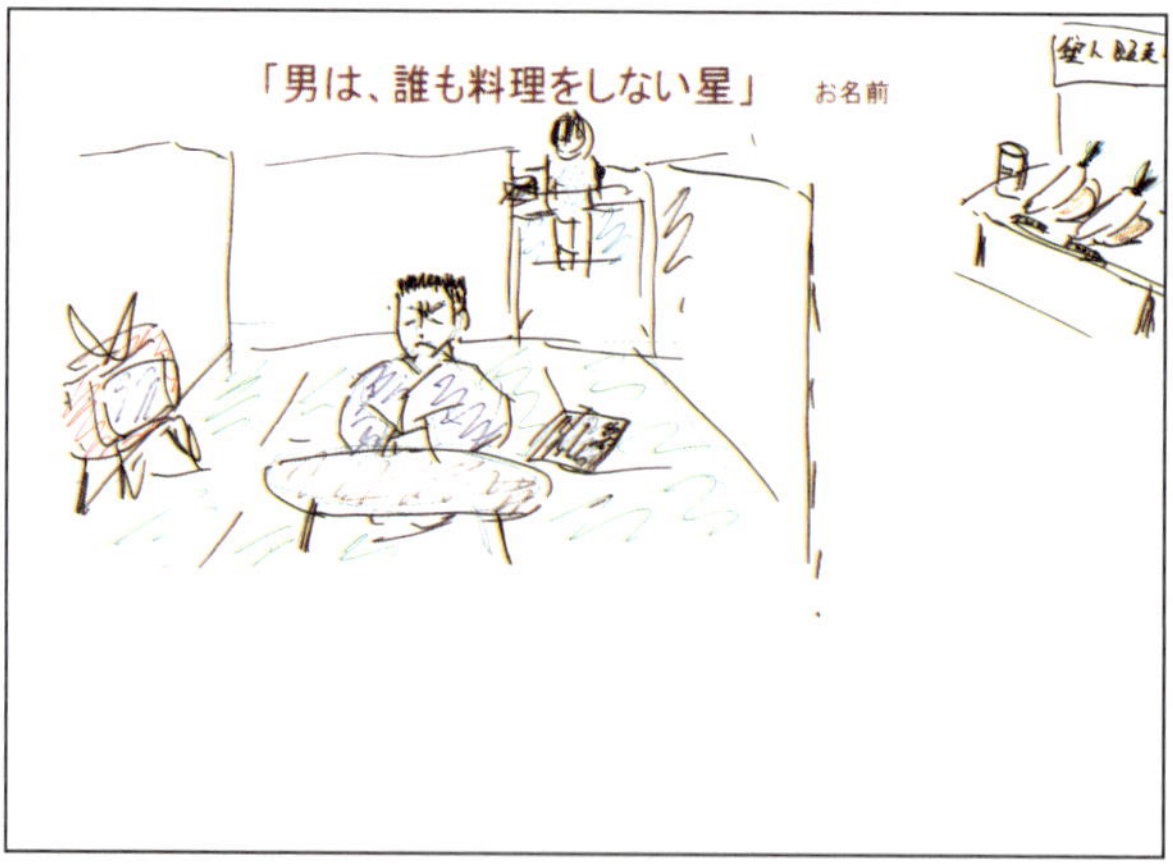

「男が料理する星」では女が強く、男は尻に敷かれている。アメリカかどこか海外で、女性が黒人。「男は料理しない星」では男が威張っていて、女性は従うだけ。戦前、あるいは昭和30年代っぽい雰囲気。

女性メンバーたちの絵を見ると、「男が料理する、しない」の差は明らかでした。「料理をする」星は、家族的な温かい雰囲気にあふれていて、「しない」星は無機質で冷たい感じ。もちろん住む気にはなれません。そうしたイメージは、ほぼ全員に共通していました（**図7-4**）。

ここから読み取れるのは、「男が料理するかどうか」は、男女の力関係でないことはもちろんのこと、単に家事分担をするという意味にとどまらず、会話のある楽しい家族関係をつくれるかどうかという意味につながっていることです。

これらの結果を総合すると、男性は「料理をつくること」に対して多少抵抗感はあるものの、基本的にはポジティブな態度を持っていることがわかりました。また、社会は「男も料理をつくる」ことを要請していると感じています。

しかし、料理教室に通おうとは思わない。

では次に、「料理教室」あるいは「料理教室に通う」ことにネガティブな気持ちがないかどうか、見ていくことにしましょう。

図7-4　女性メンバーのイメージ

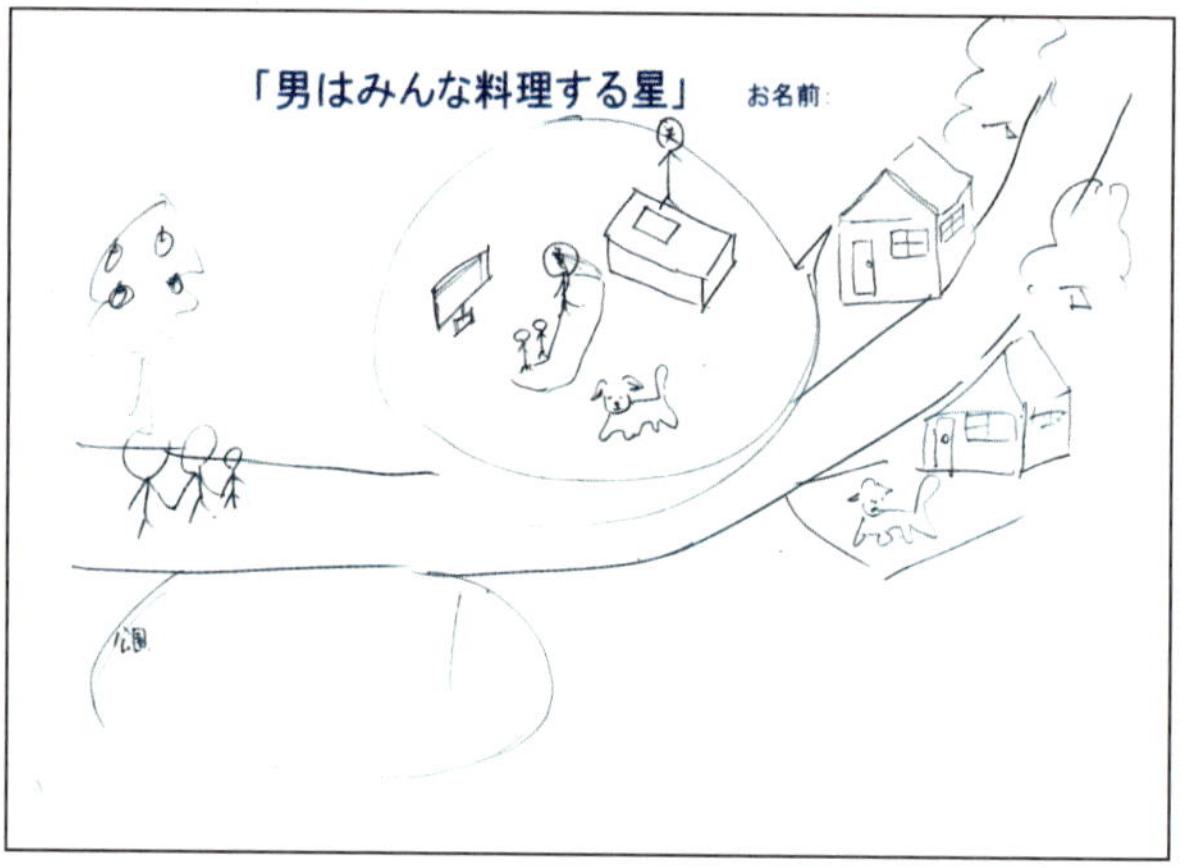

「男はみんな料理をする星」には、温かい幸せなイメージがあります。自然に囲まれたところで、家族がペットと仲良く暮らしています。

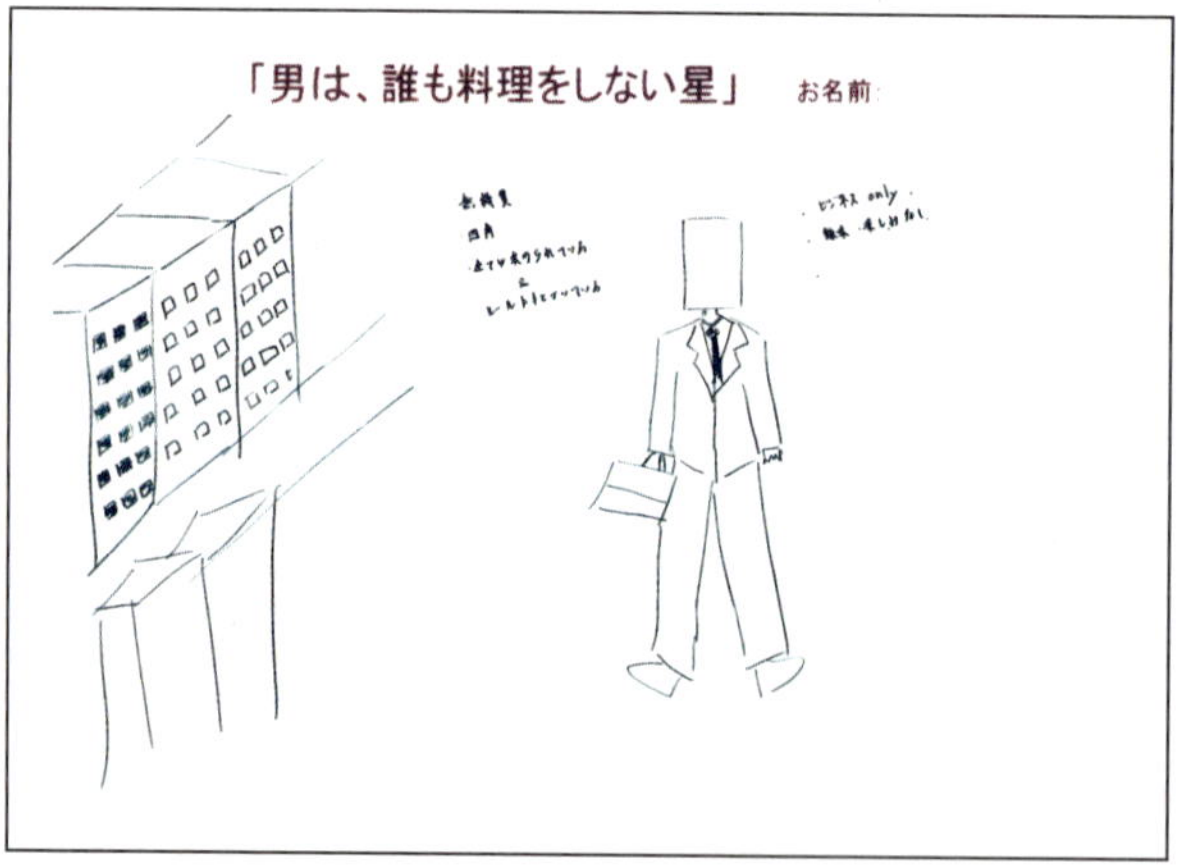

「男が料理をしない星」は、高層ビルが立ち並ぶ無機的で冷たい世界です。しかも、男の顔がなんと四角。趣味も楽しみもない孤独な姿が描かれています。

アクション
ACTION

発見ツール1で比較：「料理ができる男」「料理教室に通っている男」

「料理教室」というカテゴリーに対するインサイトを探り出すため、発見ツール1を使います。「料理ができる男」と「料理教室に通っている男」の違いから、心の声を聞こうというわけです。

「料理ができる男」男性メンバーの絵と吹き出し

まず、「料理ができる男」をイメージして、絵に描いてください。そのあとで、以下のように吹き出しをつくっていきます。心の中で思っていることは、雲形の吹き出しにします。

①好きな女性を口説くとしたら、どう言うか？

②言わないけれど、心の中で思っていることは？
③口説かれた女性は、何と答えるか？
④その女性は心の中では、何と思っているか？
⑤料理ができない男に、料理づくりを勧めるとしたら、どう言うか？
⑥勧めながら心の中で思っていることは？
⑦料理ができない男は、何と答えるか？
⑧その男は心の中では、何と思っているか？

では、男性メンバーが書いた例を見てみましょう（**図7-5**）。料理ができる男は、女心をわかっていてモテる、というポジティブな印象を持っているようです。他の男性メンバーも、「料理ができる男」については、年収が高そう、オシャレなど、ほとんどが好意的な印象を持っていることがわかりました。

つまり、「料理をする・料理ができる」ということに対しては、抵抗感はないようです。

図7-5 「料理ができる男」のイメージ (男性メンバー)

オシャレで多趣味。料理ができると女性のポイントが高いことを知っている。聞き上手で、3回目のデートで「今日はオレがなんか、つくろっか?」とさりげなく誘う。ここから読み取れるのは、「料理ができる男」は余裕のある大人の男で、女性にモテるという、非常にポジティブなイメージ。

「料理教室に通っている男」男性メンバーの絵と吹き出し

同様に、今度は「料理教室に通っている男」のイメージを見ていきましょう（**図7-6**）。

先ほどの絵とは打って変わって、地味な人、つまらない男だと思われるのではないか、といったネガティブな印象が目立つようになります。また、自分ひとりで行くのは抵抗感があるようです。

他の男性メンバーたちの意見を聞いてみると、「資格を取るとか、何か言い訳がないと料理教室に通っているとは言いづらい」「合コンで言ったら女の子に引かれそう」「さすがに友達は誘いづらい」といった発言が相次ぎました。

また、料理ができるのはカッコイイが、できるようになるまでの過程はカッコ悪い、と思っているようです。

どうやら、料理教室に対する抵抗感は、かなり強いようです。

図7-6 「料理教室に通っている男」のイメージ（男性メンバー）

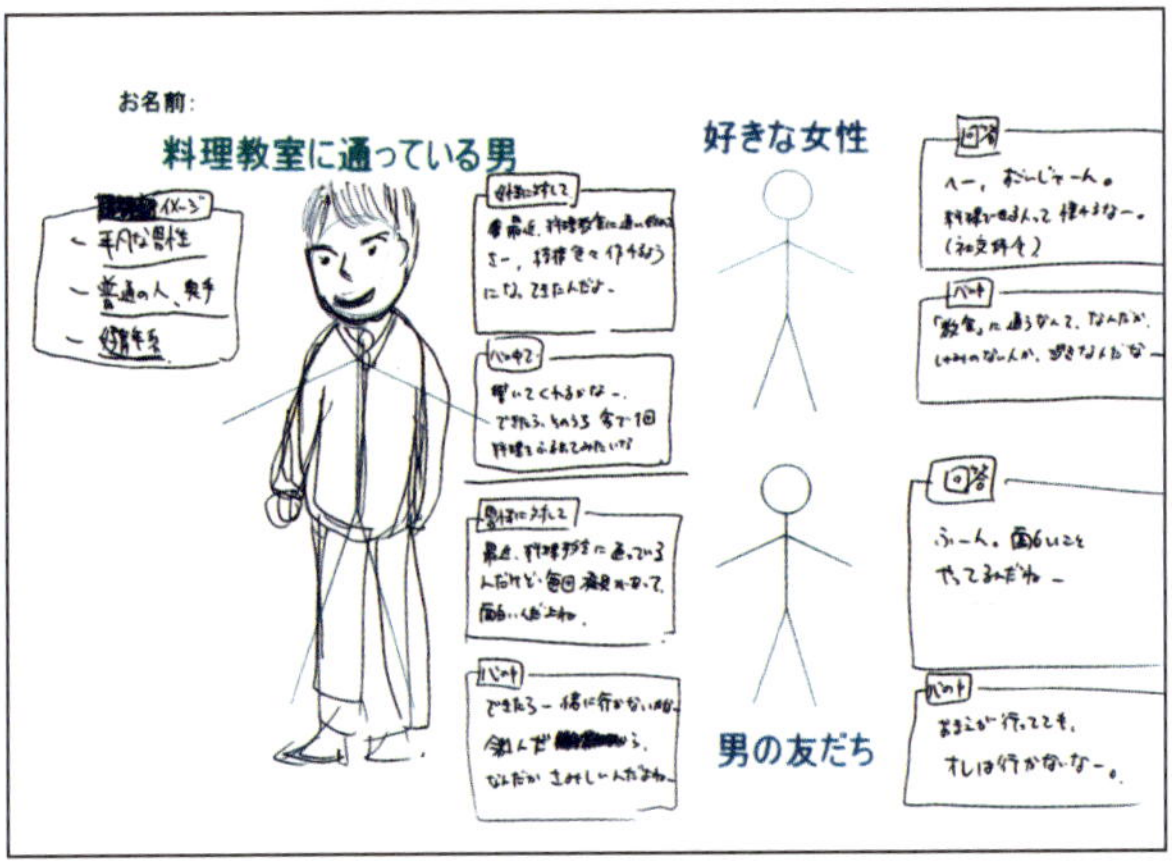

好青年だが、平凡な普通の人で、奥手。女性を料理で口説いても、「教室に通うなんて、なんだか趣味のない人、地味な人だなー」と思われそうだと考えている。自分も通いながら、「一緒に行くやつがいないと、なんだかさみしい」と感じている。ここから読み取れるのは、「料理教室に通う」ことに対する抵抗感。趣味がない、つまらない男と思われそうだし、ひとりで通うのはさみしいとも思っている。

女性メンバーの絵から読み取れること

それでは、女性メンバーはどう思っているのでしょうか。

料理ができる男性にはほとんど全員が好意的であり、男性メンバーの下心ありあり？　の動機と違って、おいしい料理が食べられること、自分のために料理をしてくれることを、素直に喜んで受け入れることがわかりました。

しかも、女性から見ると、料理ができる男だけでなく、「料理教室に通っている男」の評価も高い（**図7-7**）。男性のようなネガティブな反応はほとんど見られませんでした。

ともあれ、女性メンバー全員が、「料理をふるまってくれるなら、家に遊びにいく」という返答に、男性メンバーは驚愕。いつもどうやって好きな子を家に呼ぼうかと苦労しているのに、料理があれば簡単に来るものなのか……と唸ることしばし。

図7-7 「料理教室に通っている男」のイメージ（女性メンバー）

誠実な人。平凡だが、家庭や彼女を大事にする人で、やさしい。こういう人に誘われれば、家に食べにいく。「料理ができる男」との差は大きくなく、どちらに対してもポジティブ。

アクション ACTION

グループワーク：インサイト・ストーム

以上から、男が料理をすることにはポジティブだし、料理ができる男はカッコイイというイメージがあることがわかりました。また、料理ができることは、女性を家に呼ぶのに使える（？）ネタだとわかりました、料理ができる男は想像以上にモテることもわかりました。

その一方で、「料理教室に通う」ことには、やはり抵抗感がある。女性から見れば全然平気なのですが、男性自身は、「キモいと思われる」「趣味がないみたい」「地味な」といったネガティブなイメージがあり、「ひとりで通うのはさみしい」といった抵抗感があることもわかりました。「わざわざ通っている」と言うこと自体がカッコ悪いということです。

これらの発見をもとに、グループワークを行い、料理教室のカテゴリー・インサイトを特定します。

まず、「料理教室」の問題点を洗いざらい書き出します（**図7-8**）。するると、「ひとりで通うのが恥ずかしい」「『教室』だからイヤ」といった視点が出てきました。そのとき、「料理倶楽部」とか「料理の会」だったらどうか、などと話し合ってみると、「教室」という呼び方に対する問題点がより明確になります。そこから、料理教室に通う動機付けを考えていきます。

問題点と動機付けが出尽くしたら、キーインサイトをまとめ、プロポジションを出していきます。

今回のキーインサイトは、「彼女に料理をふるまうのはカッコイイ。でも、料理教室に通うのはキモい」となりました。ここには、ヒューマン・インサイトとカテゴリー・インサイトの二つが含まれています。

「彼女に料理をふるまうのはカッコイイ」は、料理全般に対する気持ちであって、商品に対するものではないので、この世代のヒューマン・インサイトといえます。一方、「料理教室に通うのはキモい」は、料理

実務でのワークショップでも、ファシリテーター以外のメンバー、特に若手メンバーにも、どんどん書いてもらって参加を促します。

図7-8 「料理教室」の問題点と動機付け

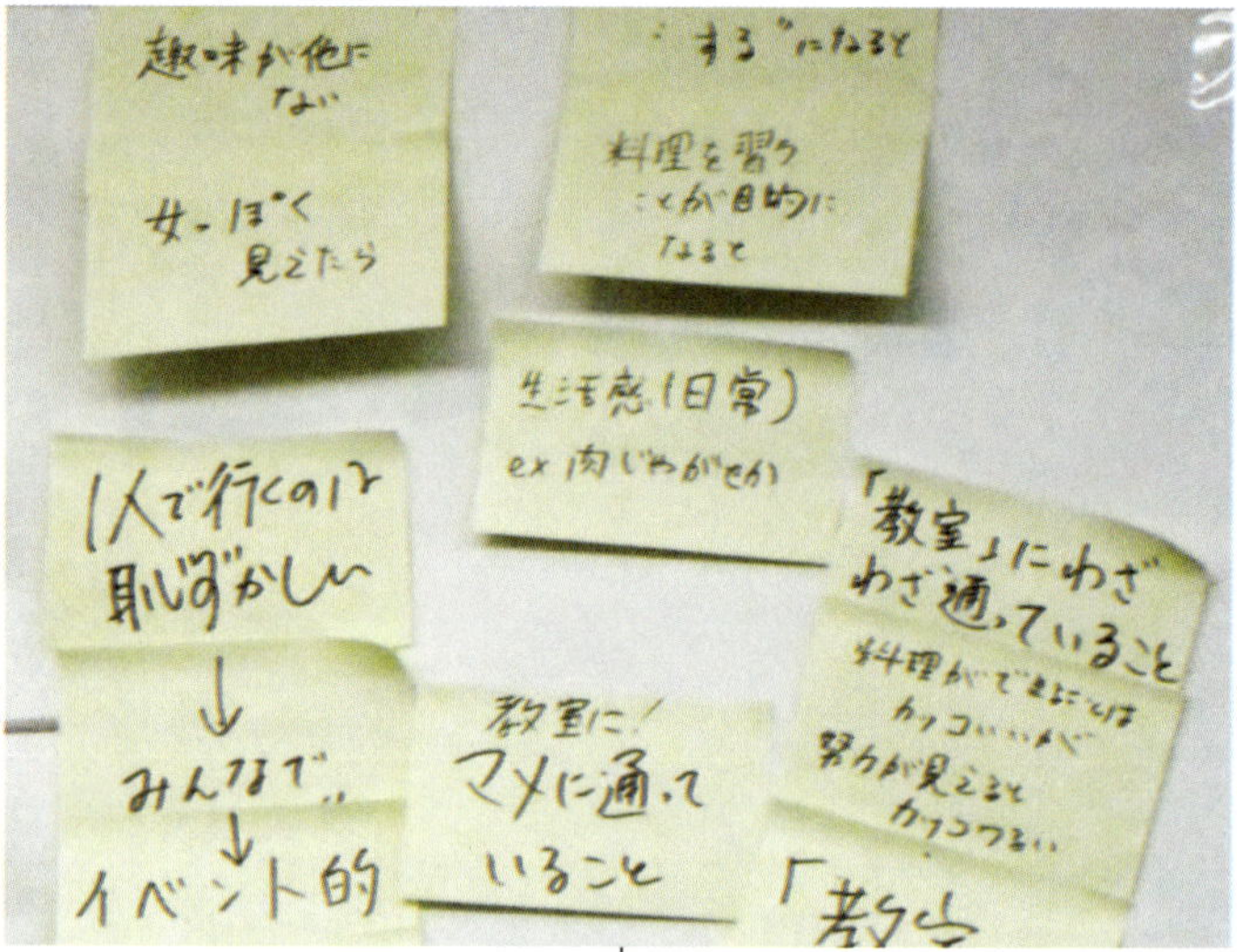

問題点を洗い出し

↓

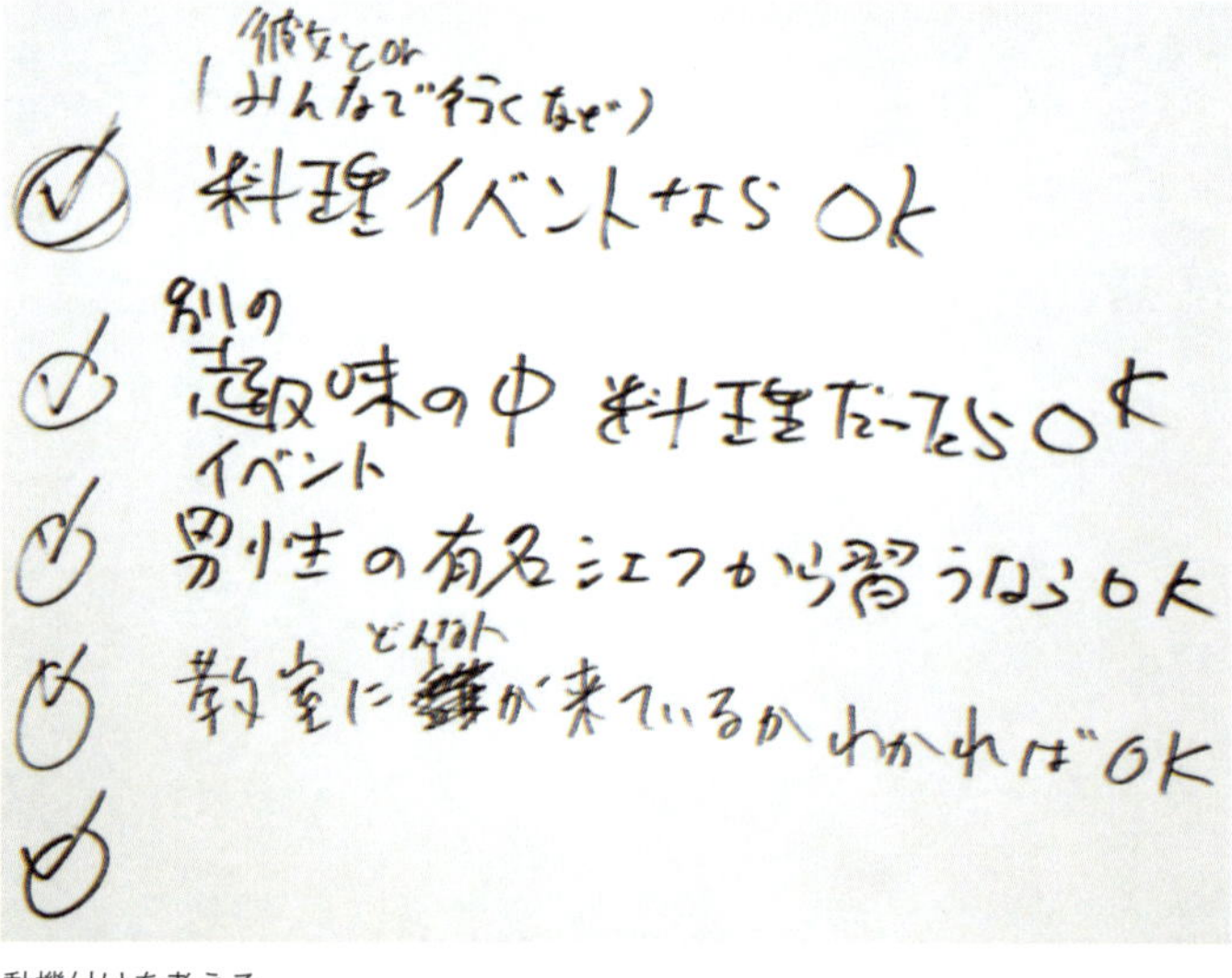

動機付けを考える

教室という商品に対する気持ちなので、カテゴリー・インサイトとなります。そこからプロポジションと具体的な活動案を出していくわけです。

ちなみに、優れたキーインサイトは、プロジェクトメンバーの発想を刺激するので、プロポジションがいくつか出てくることがあります。今回のワークショップでは、二つのプロポジションが出てきました（**図7-9**）。

アクション
ACTION

結論

最後に、6章と7章、計二回のワークショップで出た仮説をまとめてみましょう。料理教室で独身男性の生徒を増やす、という課題に対して、次の二つの提案が考えられます。

図7-9　キーインサイトからプロポジションを出す

キーインサイト

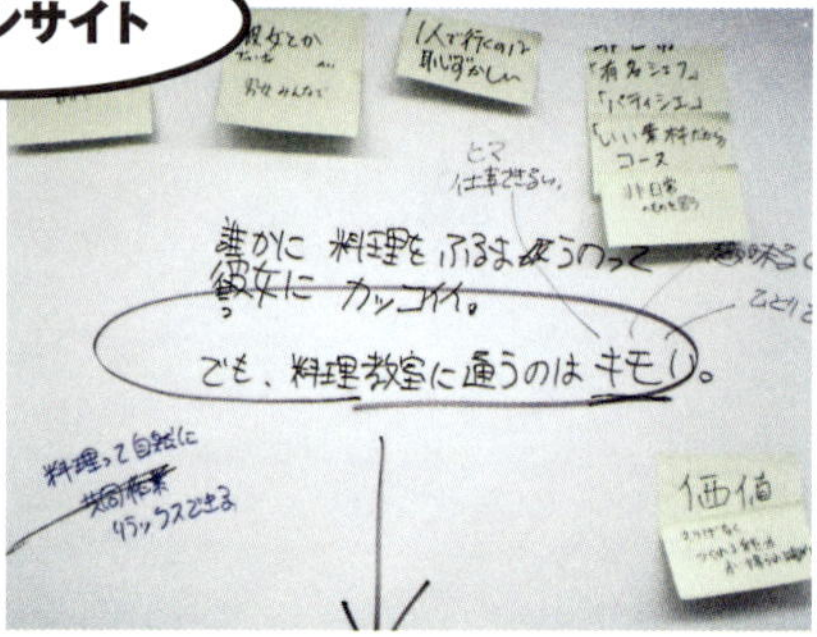

プロポジション
その1

プロポジション
その2

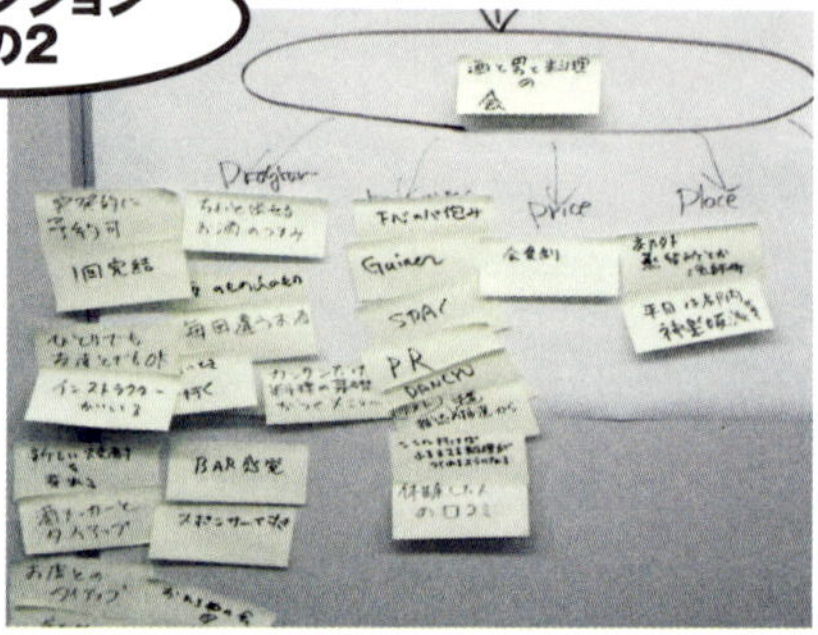

提案①「料理合コン」

最初の案は、「料理を一緒に作る合コン」、つまり「料理合コン」です（図7-10）。

従来の料理教室とは一線を画し、ひとりで料理をするために通うのではなく、気心の知れたメンバーと一緒に出会いの場を楽しみながら、みんなでわいわい料理をつくろうというわけです。

このようなイベントにすることで、友達を誘いやすくなります。また、同じ料理をつくり上げるという共同作業を通して、女の子たちとも仲良くなれる。その実感を持てるところも大きなポイントです。

このプロポジションは、「彼女に料理をふるまえるようになり、モテる」という動機付け（ヒューマン・インサイト）を強めながら、「ひとりで料理教室に通う」という抵抗感や恥ずかしさ（カテゴリー・インサイト）を解決しています。

図7-10　料理教室への提案①「料理合コン」

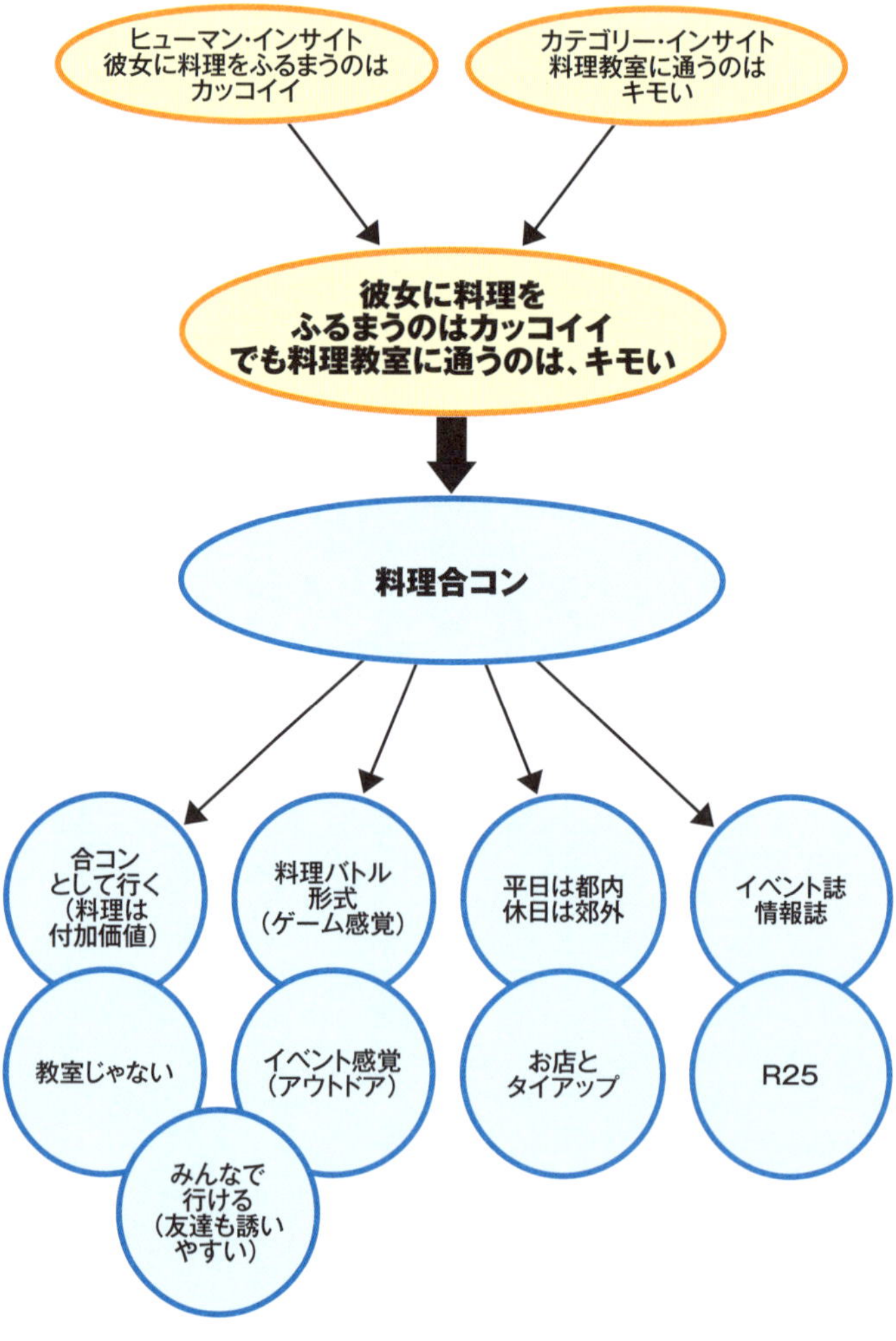
ヒューマン・インサイト
彼女に料理をふるまうのは
カッコイイ
カテゴリー・インサイト
料理教室に通うのは
キモい
彼女に料理を
ふるまうのはカッコイイ
でも料理教室に通うのは、キモい
料理合コン
合コン
として行く
（料理は
付加価値）
教室じゃない
みんなで
行ける
（友達も誘い
やすい）
料理バトル
形式
（ゲーム感覚）
イベント感覚
（アウトドア）
平日は都内
休日は郊外
お店と
タイアップ
イベント誌
情報誌
R25

提案②「酒と男と料理の会」

次に、「教室」に「通う」のが恥ずかしい、照れくさいという男性心理をとらえたのが、この案です（**図7-11**）。「教室」という言葉に対する抵抗感の大きさを見て、ネーミングは「会」としました。

また、「酒」という言葉を入れることで、「こだわりのある」「男らしい」「ちょっとカッコイイ」といった男性的なイメージを付加しています。これなら、友達を誘って、一緒に参加できるでしょう。

また、独身男性は仕事があり、なかなか定期的に「通う」ことは難しい。そのため、この会は一回で完結することとしました。

どちらの案も、「料理をふるまえるようになって、モテる」という動機付け（ヒューマン・インサイト）を強めているのですが、企業が直接「料理ができて、モテるようになろう」と宣伝してしまうと、ターゲットは逆に参加しにくくなってしまいます。「ボクはモテたくて参加していますす」みたいな感じがして、恥ずかしいからです。

図7-11　料理教室への提案①「酒と男と料理の会」

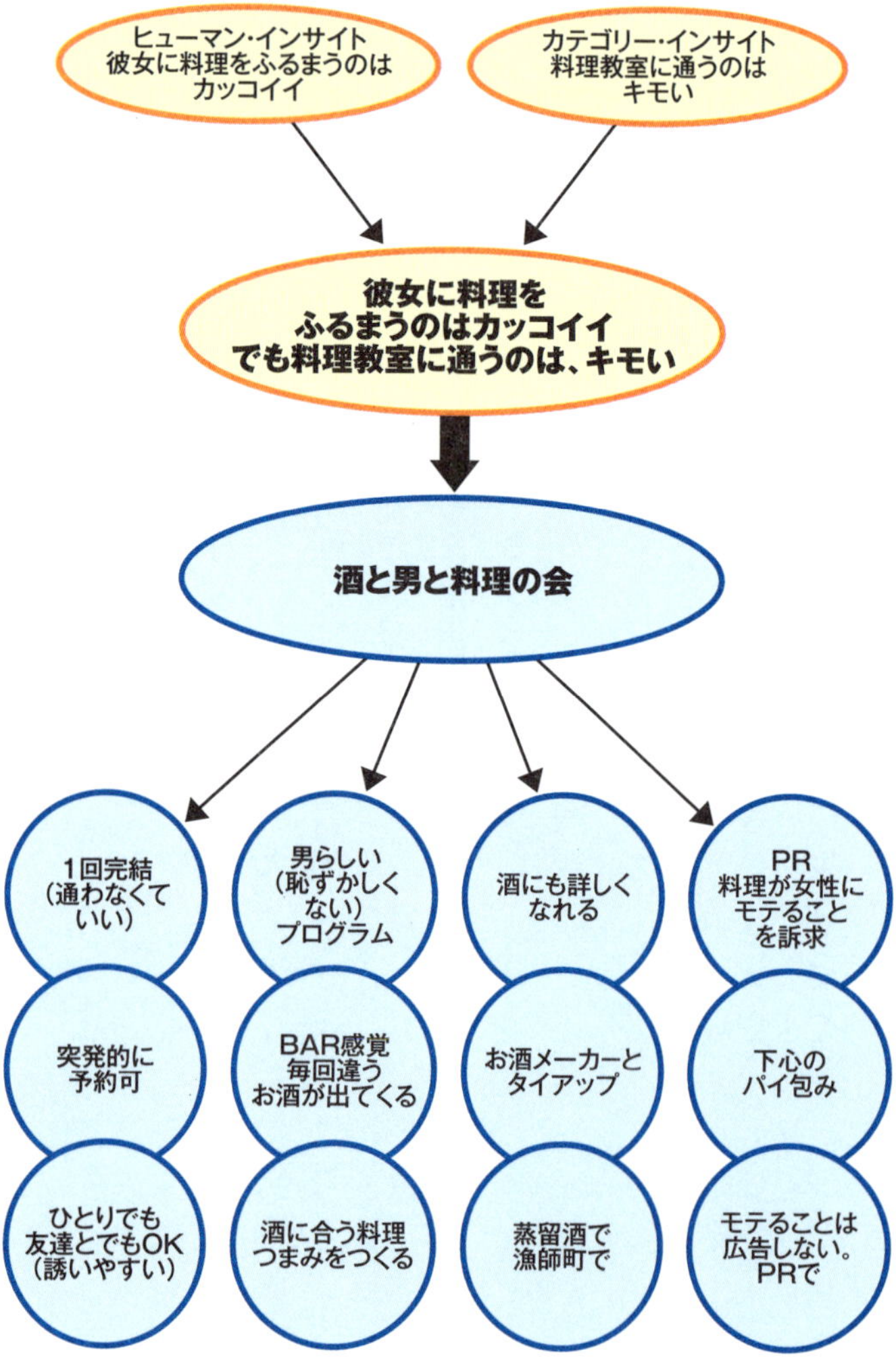
ヒューマン・インサイト
彼女に料理をふるまうのは
カッコイイ
カテゴリー・インサイト
料理教室に通うのは
キモい
彼女に料理を
ふるまうのはカッコイイ
でも料理教室に通うのは、キモい
酒と男と料理の会
1回完結
（通わなくて
いい）
男らしい
（恥ずかしく
ない）
プログラム
酒にも詳しく
なれる
PR
料理が女性に
モテること
を訴求
突発的に
予約可
BAR感覚
毎回違う
お酒が出てくる
お酒メーカーと
タイアップ
下心の
パイ包み
ひとりでも
友達とでもOK
（誘いやすい）
酒に合う料理
つまみをつくる
蒸留酒で
漁師町で
モテることは
広告しない。
PRで

　このような、表立って言うとネガティブな反応を引き起こしてしまいそうなインサイトを突く場合は、ＰＲやクチコミといった間接的なアプローチが効果的です。

　いかがでしょうか。ここまで来れば、動機付けをつくりつつ、料理教室に通う抵抗感をうまく払拭しているのではないでしょうか。このワークショップに参加した男性メンバーたちも、「これなら、行ってみたい」という実感を持つことができました。

　いかに実感の持てるインサイトとプロポジションの仮説をつくることができるか――それがワークショップの目標（ゴール）なのです。

おわりに

インサイトは、どんな業種、職種の方でも、実践できる考え方です。消費者になりきることで、今までにない新しい提案を生み出すことができます。また、インサイト・ワークショップでは、そのプロセスと仮説を関係者全員で共有できるので、解決策を実現するうえで非常に有力なツールになってくれます。

この本で取り上げたツールはすべて、ワークショップも含めて、ひとりで使うことができます。自分自身を振り返ると、ひとりでインサイトを見つけプロポジションを開発する場合でも、ワークショップでやっているようなアプローチ方法とプロセスをとっています。もちろん、チームでワークショップを行うほうが広い視点が得られ、仮説を共有できるのでいいのですが、ひとりであっても、ぜひ試していただきたいと思います。

「料理教室」を課題としたインサイト・ワークショップは、実に実りの多い楽しいものでした。

メンバーのほとんどが独身で、特に男性陣にとっては発見の連続だったようです。「モテる」男の条件として、「料理ができること」が「年収が多い」のと同じくらい得点が高いと女性陣から聞かされたときの、あの驚愕の表情（私ともうひとりの既婚男性は、当然とばかりに聞いていましたが）。そして、「そんなに得点が高いなら、オレも料理を習おうかな」という話で盛り上がり、その後、実際に料理教室に行ったメンバーまで現れました（笑）。

このワークショップに参加してくれた、有志のメンバーに心から感謝します。勉強熱心で、私にとってもいろいろ刺激になる、宝のような存在です。

いつも幹事をしてくれる徳久真也さん、吉田雅一さん、村田亨さん、小笠原昌彦さん、小林丈展さん、土屋信博さん、原口進さん、三木進史さん、名古壂さん、村上直子さん、河野真由子さん、義則志保さん、小田恵美子さん、植竹希さん、高橋敦子さん、本当にありがとう。これからも、インサイトをいろいろな方面で役立てていきたいと思っているので、よろしくお願いします。

また、この出版とワークショップの実現に尽力いただいた、編集の前澤ひろみさん、ありがとうございました。場所を提供いただいたり、騒いで遊ぶ子供たちを見守るようなお姉さんぶりを発揮していただいたり。

そして、「ヒゲチェン」をつくり上げたクライアントのシック・ジャパンのみなさま、ＪＷＴのチームメンバーに心から感謝いたします。ＡＭＥ賞でゴールドを受賞できたのは、まさに全員が力を合わせたからにほかなりません。

最後に、和子にありがとうと言いたいと思います。妻であり、コーチであり、ブレーンであり、常に私を応援してくれる和子には、心から感謝しています。そして、この秋に生まれてくる初めての子に、この本を捧げたいと思います。

桶谷　功

二〇〇八年一〇月

参考文献

・池谷裕二、糸井重里著
『海馬——脳は疲れない』新潮社、2005年
・池谷裕二著
『脳はなにかと言い訳する——人は幸せになるようにできていた!?』祥伝社、2006年
・「〝新・子育て家電〟にみる需要創造への挑戦」『季刊営業力開発』2007 Vol.2
・ジェームス W・ヤング著、今井茂雄訳、竹内均(解説)
『アイデアのつくり方』ティビーエス・ブリタニカ、1988年
・宇佐美清著
『USAMIのブランディング論』トランスワールドジャパン、2006年

ヒゲチェンTVCM・WEBサイト

・クライアント：シック・ジャパン（株）

・代理店（企画・制作）：ＪＷＴジャパン／ＪＷＴアクティベイション事業部

Web制作Pr：斉藤雄一郎、松田秀作、北田将行

CD：佐藤章、CW：本間英治、AD：谷野一矢、CM Pr：大山光二郎

AP：桶谷功

AM：市原巧、青木貴志

・TVCM制作会社：（株）エムワンプロダクション

・Web制作会社：（株）イグジスト・インタラクティブ

Pr：プロデューサー／ AP：アカウントプランナー／ AM：アカウントマネージメント
CD：クリエイティブディレクター／ CW：コピーライター／ AD：アートディレクター

[著者] **桶谷 功**（おけたに いさお）

JWTジャパン シニア・アカウント・プランニング・ディレクター
京都市立芸術大学卒業後、大日本印刷（株）でパッケージ・デザインのディレクションを担当。食品ラップの仕事でV字カット（特許）を開発。1989年、世界最大級の広告代理店J．ウォルター・トンプソン・ジャパン（現JWTジャパン）に入社。先駆的に開設されたばかりの戦略プランニング局（現アカウント・プランニング・グループ）に勤務。以降、クリエイティブと戦略の両方の経験を生かし、アカウント・プランナーとしてブランド・コミュニケーション戦略の開発に携わる。食品、日用品、エンターテイメントなどで、数々のNO.1ブランドを育成。シックのキャンペーンでは、2008年AME賞（Marketing Effectiveness Award：最も効果的なマーケティング活動に与えられる賞）で、ゴールド受賞。
著作に、『インサイト——消費者が思わず動く、心のホットボタン』（ダイヤモンド社）がある。大学や企業などでの講演多数。日本広告学会会員。

インサイトの考え方は、企業の大小や業種を問わず、広く活用できます。さらには、マーケティングだけでなく、環境問題や社会問題の解決にも役立てられるのではないかと考え、インサイトの輪をもっともっと広げていきたいと思っております。
インサイトについて、ご質問がある方、取り組んでみたいとお考えの方、ぜひお気軽にご連絡ください。この本でも実況中継しましたが、勉強会なども開いております。

ホームページ：http://insightmaster.jp
公式ブログ：http://insightmaster.jp/blog
JWTホームページ：http://www.jwt.co.jp

「思わず買ってしまう」心のスイッチを見つけるための
インサイト実践トレーニング

2008年10月17日 第1刷発行

著 者——桶谷功
発行所——ダイヤモンド社
〒150-8409 東京都渋谷区神宮前6-12-17
http://www.diamond.co.jp/
電話／03・5778・7234（編集） 03・5778・7240（販売）
装丁——竹内雄二
装画——添田あき
本文デザイン——平塚光明 斎藤広太（PiDEZA）
製作進行——ダイヤモンド・グラフィック社
印刷——慶昌堂印刷
製本——宮本製本所
編集担当——前澤ひろみ

ISBN 978-4-478-00533-0